生き辛いOLですが自己肯定感を高めたら生きるのがラクになりました。

あかり＊生き辛いOL　著
自己肯定感の第一人者／心理カウンセラー
中島輝　監修

SB Creative

「自己肯定感が低いとヤバい!?」

@engawa_akari
自己肯定感が低いとヤバい
ずもももも…
何がヤバいってまず自信がもてない
ビクビク
私だいじょうぶかな
変じゃない?
まちがってない?
自分に自信がないから
人の目がすごく気になる
あと、自分で自分の価値を認められないから
じぶんって必要?
ここにいていいの?
不安
ありがとう たすかったよ
ほっ
よかった… 必要とされてた
人からの評価=自分の価値になる
だからめっちゃ八方美人になる
いいよ いいよ
本当はイヤだけど…
いい評価をもらうために必死になる
それが自分の価値だから
疲れる ヤバい
完ペキに
ちゃんと
期待にこたえなきゃ
もっとうまく

いつも自分を責めているのもヤバい
役に立たない
いらない存在
ブス
自分はダメなやつだ
いつもそう思ってるから
いじわるな人たち
お前ってほんとダメなやつだよな〜
やめなよー
人から悪意のある言葉をなげつけられても
あはは
うん知ってるよ——
ズキ
ズキ
ズキ
まるで答え合わせをするように
いつもそう思ってるもの
ズキ
ズキ
ズキ
ノーガード100%で受け止めてしまう。ヤバい

「だからみんな自己肯定感高めよっ！」

初めまして
生き辛いOLのあかり
と申します
いつも人の目が気になる
ビクビク
私だいじょうぶ？
まちがってない？
完璧主義
なんでこんなこともできないんだ
気をつかいすぎる
いいよいいよ
本当は嫌だけど…
おねがい～
自分が大嫌い
いいところない
自分なんて
嫌い
ブス
この4つを小さな頃からかかえていたせいで
私にとって生きることはとても息苦しいものでした

生き辛さを感じながらも
なんとか生活していましたが…
朝からずーーん
はぁ
ああ…身体が重い
会社行きたくない
今日もまた愛想笑いして
へぇ〜
大変ですねぇ
必死にできる人間のフリして
こんなこと聞いたらバカだと思われるかも
わかんない
優しくてものわかりのいい顔して
大丈夫です
いいですよ
できます
しんどいな…
美
ガタン
ゴトン
こんな自分で
ぶっさいくな顔…
あと何十年生きなきゃいけないんだろう
次は〇〇駅
早く終わんないかな…

それくらい自分でやってください
え？ヤですよー
あはは
そんなこと言ってもダメです～
うわぁすごい…
私だったら「それくらい自分でやって」なんて言えない…
でもAさんってハッキリ言うけどいろんな人に好かれるんだよなぁ
私ももっと…いや、でも
ガヤガヤ
ん？
にぎやかな声が…
ああ、Bさんか
ペカー
Bさんのまわりって本当にいつも人が絶えないよな…
はぁ～～～
なんか…自然体でも人に好かれる人っていいなぁ
うらやましい
うらやましい
うらやまし
私はがんばってもがんばっても
ねくらだけどなるべく明るく
あの人たちのようにはできない
でもすぐ疲れる
一人になりたい……

でもがんばらなかったら
こんな私、誰にも好かれないし…
せめて感じよく
笑顔
争いはさける
不満
しんどい
あかりさん
上司
はっ
はいぃっ
これ、よくできてたよ
えっ？
ほらこれ、この間頼んだ資料
よくできてたありがとう
次もちゃんとやれよな
ちゃんとできるよな
がんばれ
うっ

あ ありがとうございます…
褒められるのは苦手だ…
私なんかに何も期待しないでほしい
自己評価が低いから
褒められても素直に喜ぶこともできず
この話つまらなくないかな
これ言って大丈夫かな
変だと思われたら
他人にどう思われるかばかり気にしているからいつも息苦しい
本当の自分を見せられないから
誰かといても孤独を感じる
毎日なんとなく憂鬱で
時々どうしようもない無力感でいっぱいになる
なんで私はこんなにダメなんだろう
なにもうまくいかない

そんな状態を
何年も繰り返して
いるうちに
ついには
涙が勝手にでてくる
"しにたい"
"消えたい"が
頭からはなれない
しにたい
きえたい
しにたい
このような症状が
あらわれはじめ…
もうヤダ
つらい
何も考えたくない
消えたい
消えたい
死んでしまいたい
そこ危ないから
下がって!!
びくっ
ゴオォォ
ギャー
電車ちっっっっか
え
びっくりした…
え
うわ
私、無意識に
黄色い線こえて…

さぁー
これはマズいかも…
そう思った私は心療内科を受診
うつ病ですね
そして私はうつ病と診断されました
当時の私は「うつ病」と聞いてびっくり
うつ病はブラック企業で働きすぎてしまった人や
パワハラセクハラ…
何か大きな問題をかかえている人がなるもの
だと思っていたからです
かたや、私が勤めていたのはホワイト企業
残業も少なく
人間関係のトラブルもありませんでした
それでも心の病気になってしまったのです
うつ病ですね

自己肯定感との出会い

私は、うつ病と診断されてからもしばらく働きつづけました
気のもちようでしょ
しかし、症状がひどくなる一方だったので
会社を休職することに
すみません
うつが酷かった頃の様子を簡単に紹介します
あれ…？おきれない
動けなくなる
音や光がこわい
乗りものの れない
うえっ
文字がよめない
たっぷり休養し、すこし回復してきた頃
うつ病や心について勉強するようになりました
心理学
うつ病
そんな時に出会ったのが――
ん？
自己肯定感ってなんだ？

カチカチ
自己肯定感とは
自分の価値を自分で認められる力。
ありのままの自分を受けいれることができる感覚。
自分の価値を認める…
自分を受けいれる…？
え、でも認めるったって
私に価値なんて…
カチカチ
「できること」「できないこと」はあなたの価値とは関係ない
長所も短所もふくめて自分
自分を受けいれる
あっ…
私は自分が嫌いなのがあたりまえすぎて
自分を受け入れるなんて考えたこともありませんでした
お前がキライ
お前はダメ
ぐすっ
変わりたい
ぐっ
でももう自分を否定して生きるのは疲れた
ぐすっ
うっ
自分を嫌わないで生きてみたい

自分を嫌わずに生きてみたい
そう思った私は自己肯定感や心理療法などの本を読みあさり
それを自分で実験
調べる！
実践！
あーあ また1駅しかのれなかった
気持ち悪い…
でも少し前までは家から出るのもやっとだったじゃない
よしよし
がんばった
ぽんぽん
ああ落ち込む…
不安だ…
でも
これも私の大事な感情なんだよね
少しずつ、以前はゆるせなかった自分をゆるせるようになっていきました
なんでこんなこともできないんだ
こういうこともあるよね
それとともにうつ病も回復
会社に復帰することに

変化

この頃には
自分が人にどう思われているか
それを過剰に気にすることはなくなっていました
しばらく休んでたってきいたけど…
あはっ
ちょっとメンタルやっちゃって
あっけらかん
自分の弱さや苦手なことをさらけだし
ここがよく理解できなくて…
ああそこはね
人に頼ることもできるように
○○さんたすけて～
もーしょうがないわね
自分のいろんな部分を受けいれられるようになったことで
あれ？
うちの会社って…こんなに明るくて広かったっけ
いつの間にか
ずいぶんと息がしやすくなっていたのです

今までは
それじゃダメだ
お前なんか嫌いだ
自分の中に敵が住んでいて いつも責められているような気がしてたな…
でも
どんな感情をいだいてもいいよ
いろんな一面が集まって私だよ
うまくいかなくてもちゃんと受けとめるよ
こんな風に自分を受けいれられると 大きな味方が24時間そばにいてくれてるみたいだ
自分を嫌わないで生きるって
こんなに穏やかな気持ちでいられるんだなぁ

自己肯定感が
高まったことで
生きるのが格段に
楽になった私は
その方法を
SNSやブログで
発信し始めました
自己肯定感を
たかめるには〜
すると、
びっくりするほど
たくさんの人が
私と同じような
生き辛さで
悩んでいたのです
自信が
もてません
私も自分のことが
嫌いです
ずらーー
人に嫌われるのが怖い
わー…
私だけじゃ
なかったのか
と、いうわけで…
この本には
自己肯定感を高めて
自分を嫌わずに
生きるための方法を
ぎゅっと
つめこみました
自己肯定感は
どんな人でも
何歳からでも
高めていけるので
安心してくださいね
あなたの生き辛さが
減り、素敵な毎日を
おくることが
出来ますように
レッツ本編

はじめに――
自己肯定感について知ろう

自己肯定感ってなぁに？

こんにちは。生き辛いＯＬ＊あかりです。
本書を手にとっていただきありがとうございます。

みなさん、「自己肯定感」ってどんなものだと思いますか？

本書の監修をしてくださった自己肯定感の第一人者・中島先生によると、自己肯定感とは、

●自分の価値を自分で認めることができること
●ありのままの自分を受けいれることができること

このような感覚のことを言います。

自己肯定感が高い人と低い人とでは、考え方が大きく違ってきます。

たとえば、なにか失敗をしたときに自己肯定感が低い状態だと「自分はダメな人間だ」「とり返しのつかないことをしてしまった」と自分を必要以上に責めてしまいます。ですが、自己肯定感がある程度高い状態だと「失敗することもある。次に同じ状況になったらどうしよう?」と考えることができます。

自己肯定感が高い状態にあると、ものごとを前向きに解釈できるようになり、気持ちが安定します。

そうすると積極的に次の行動に移れるようになるのです。

このほかにも「原因はわからないけどモヤモヤする」「いろんなことがうまくいかない感じがずっとある」こんな人は、自己肯定感が低くなっているサインです。

なぜなら、自己肯定感とは、私たちを支える**「足場」**のようなものだからです。

自己肯定感が低いのは、自分を支える足場がぐらぐらと不安定になっているようなもの。

不安定な足場の上では、ささいなことで大きく揺さぶられてしまうので、気分は沈みやすく、いつもどこか不安で行動が消極的になってしまいます。

つまり、自己肯定感が低いと、

- ちょっとした出来事で落ち込んでしまう
- 自分に自信がもてない
- 誰かの一言をずっと気にしてしまう
- まわりの目が気になる
- モヤモヤと満たされない感じがある
- 失敗するのが怖い

このような状態になってしまうのです。

「こんな自分が大嫌い」

どうでしょう？　あなたが生き辛さを感じる瞬間とどこか似ていませんか？

自己肯定感を高めると、こんな自分を変えていくことができるのです。

自己肯定感を高めて心地よく生きていく

私は、人生のほとんどを「自分が嫌い」と思いながら生きてきました。

自己肯定感がずっと低い状態だったのだと思います。

本書を手にとってくださった人のなかにも「自分が嫌い」と思っている人は少なくないと思います。

でも、そろそろ自己肯定感が低いまま生きるのは疲れた。少しでも今の状況を変えたいと思っているからこそ、本書を手にとったのではないでしょうか。


安心してください。

自己肯定感は、どんな人でも、何歳からでも高めていけます。


自己肯定感を高めれば、今まで自分が大嫌いだった人でも、

自分にはこんな一面もあるし、あんな一面もある。そういう自分がいる。それでオッケー。

こんなふうに、自分にイエスと言えるようになります。
そう思えることで気持ちが安定し、安心して行動できるようになるのです。

本書では、
・人に嫌われるのが怖い
・まわりの目が気になる
・自分がダメなやつに思えてしかたない
……など、あなたの自己肯定感が低くなっているときにあらわれるさまざまなサインに対して、心理学のテクニックと私の経験をもとに、解決策をお伝えします。

あなたの生き辛さがやわらぎ、これからの人生を心地よく生きていくためのヒントとなるよう願っています。

あかり＊生き辛いOL

contents

contents

contents

contents

contents

できないことばかり気になる 01

1の失敗で9の成功をなかったことにしてない？

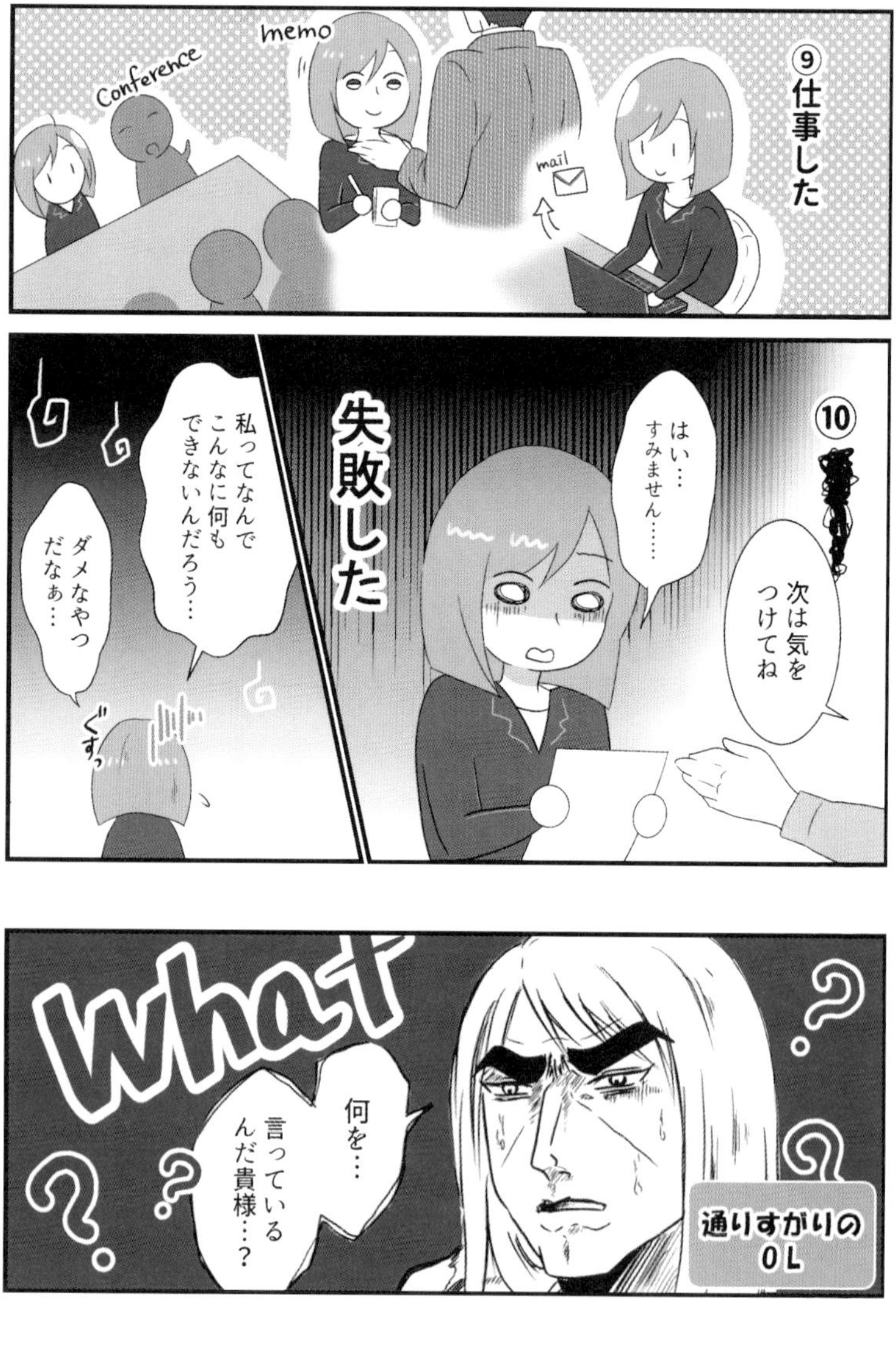
⑨仕事した
mail
memo
Conference
⑩
次は気をつけてね
はい…すみません……
失敗した
私ってなんでこんなに何もできないんだろう…
ダメなやつだなぁ…
ぐすっ
通りすがりのOL
何を…言っているんだ貴様…?
What

解決編 「自分は何もできない」「ダメなやつだ」と思ってしまいがちなあなたへ

こんにちは、自己肯定感が低すぎてうつ病になってしまった生き辛いOLです。

自分はなんでこんなに何もできないんだろう。

本当にダメなやつだ。

……こんな気持ちになってしまうことはありませんか？

自己肯定感が低い人は、**自分ができたこと（成功）よりも、できなかったこと（失敗）に目が向きがち**です。

そのため、冒頭のマンガのようにできていることが9つあったとしても、1つうまくいかないことがあると、ひどく落ち込んでしまいます。そして、その1つの失敗で自分をダメなやつだと感じてしまうのです。

今回は、自己肯定感を高めて、自分ができていることにも目を向けることができるようになる簡単な方法を紹介します。今日からでもすぐにできますよ！

簡単に自己肯定感を高める「寝る前の3褒め」

ではさっそく**「自己肯定感を高める方法」**を紹介しますね。それは……。

寝る前に
その日できたこと3つ
を褒めること！！
自己肯定感が低い人は、できなかったことに意識が向きがちです
今日もアレもコレもできなかった…
寝る前に3つ褒めることで
①あいさつできた
②ご飯をおいしく食べた
③歯医者を予約した
小さなことでOK!!
スヤァ…
その日できたことに目を向けるクセをつけましょう

なんで寝る前がいいの？

「寝る前」に自分のことを褒めるのには、理由があります。

人間は「寝てるあいだにその日の記憶をくり返す」と言われています
きおく
でも、日中はいろいろな記憶が次々に入ってくるので
1つ1つは薄れていってしまいます
だけど、寝てる間は記憶がほとんど入ってこない
スヤア…
と、いうことは…
寝る前に自分を褒めると記憶にのこりやすい！

自分を褒める習慣をつけて自己肯定感を高めよう！
私いろいろできてるじゃん…
じ〜ん
できた
できた
できた
できた
できた
できた
肯定感

「自分を褒める」

簡単なようで、忙しかったり、気持ちに余裕がないときは、つい忘れてしまいます。

なので、寝る前だけは！と決めてしまい、自分を褒めることを習慣にしてしまいましょう。

ご飯をおいしく食べたとか、人に挨拶できたとか、本当に小さなことでいいんです。

大事なのは、できていることに目を向けるクセをつけていくこと。

そのうち、寝る前じゃなくても自分を褒めることができるようになります。

そうやって自分の「できた」を積み上げていくと、自然と自己肯定感が高まっていくよ。

自分をもっと褒めたくなる3つの自己承認

先輩～!!

自己肯定感を高めるために「寝る前の3褒め」をやろうと思ったんですが……**そんなに毎日、自分を褒めることなんかありません（泣）**。

え～、本当に？

小さなことでいいんだよ？

本当なんです！　褒めることが見つからないと、今日は何もできなかったなぁ……なんて落ち込んできちゃって……。

（あ、もしかして……）

そっか、今まで自分を褒めてこなかった人が、いきなり「自分を褒めろ」って言われても難しいよね。

じつは、**自分を褒めるのにもコツがある**の。今日はそれを3つ教えるよ。

あっ
もしかしてできたこと「だけ」褒めてる？
できたこと「だけ」？他にあるんですか？
①できたことを褒める
②？？？？？？
③？？？？？？
自分を褒める（承認できる）ポイントは他にもあるのよ。
これを聞けば思わず自分を褒めたくなる
自分を褒めるポイントを3つ紹介するわね
お願いします〜

①結果を褒める

1つ目は できたことや 達成したことを 褒める(承認する)
「結果」の承認
できた！達成した！ 自分をほめる
①結果の承認
これは多くの人が できていると 思います

自分には 褒める所がない という人は
「できたこと」の ハードルが高くなって いませんか？
外に出る
ごはんをたべる
会社にいく
人とはなす
あいさつをする
できて当たり前にして しまっていること きっとたくさんある はずですよ

・ご飯を食べる
・外出する

たしかに、できて当たり前にしちゃってるなぁ。

こんな小さなことで自分を褒めるなんて……と思った人は、褒めるハードルが高くなってるのかもね。**褒める理由に大小は関係ない**よ。だからどんどん褒めていこう。

②成長を褒める

自分を褒める2つ目のポイントは
「成長」の承認
自分の成長をほめる
②成長の承認
資格をとった！何キロ痩せた！仕事を終えた！
これは結果の承認
結果
合格!
成長の承認は
その結果にいたるまでのプロセスや
挑戦しようと思った
調べた
知らなかったことを知った
自分の成長を褒めてあげることです

これの良いところは、**結果の良し悪しにかかわらず自分を褒められる**ところ。たとえば資格試験に落ちても、
「それに挑戦しようとした自分」
「勉強したことで成長した自分」
それは褒めてあげなくちゃ。

なるほど……！ **「できた」っていう結果だけじゃなくて、その途中も褒める**んですね。これなら結果がでていなくても自分を褒めることができますね。

私、前に資格試験に落ちてしまったとき、それまでの努力は全部ムダだったって思ってました。

でも勉強して今までわからなかったことがわかるようになったのは、自分が成長したってことですもんね。

そうそう、そういう成長のプロセスもちゃんと認めていこう。
これだけでも自分を褒めるレパートリーが広がりそうです！

③ 存在を褒める

だから、存在しているだけで、あなたは素晴らしい。

あなたが、あなたとして生きているだけで価値があるんです。

それだけは忘れないでくださいね。

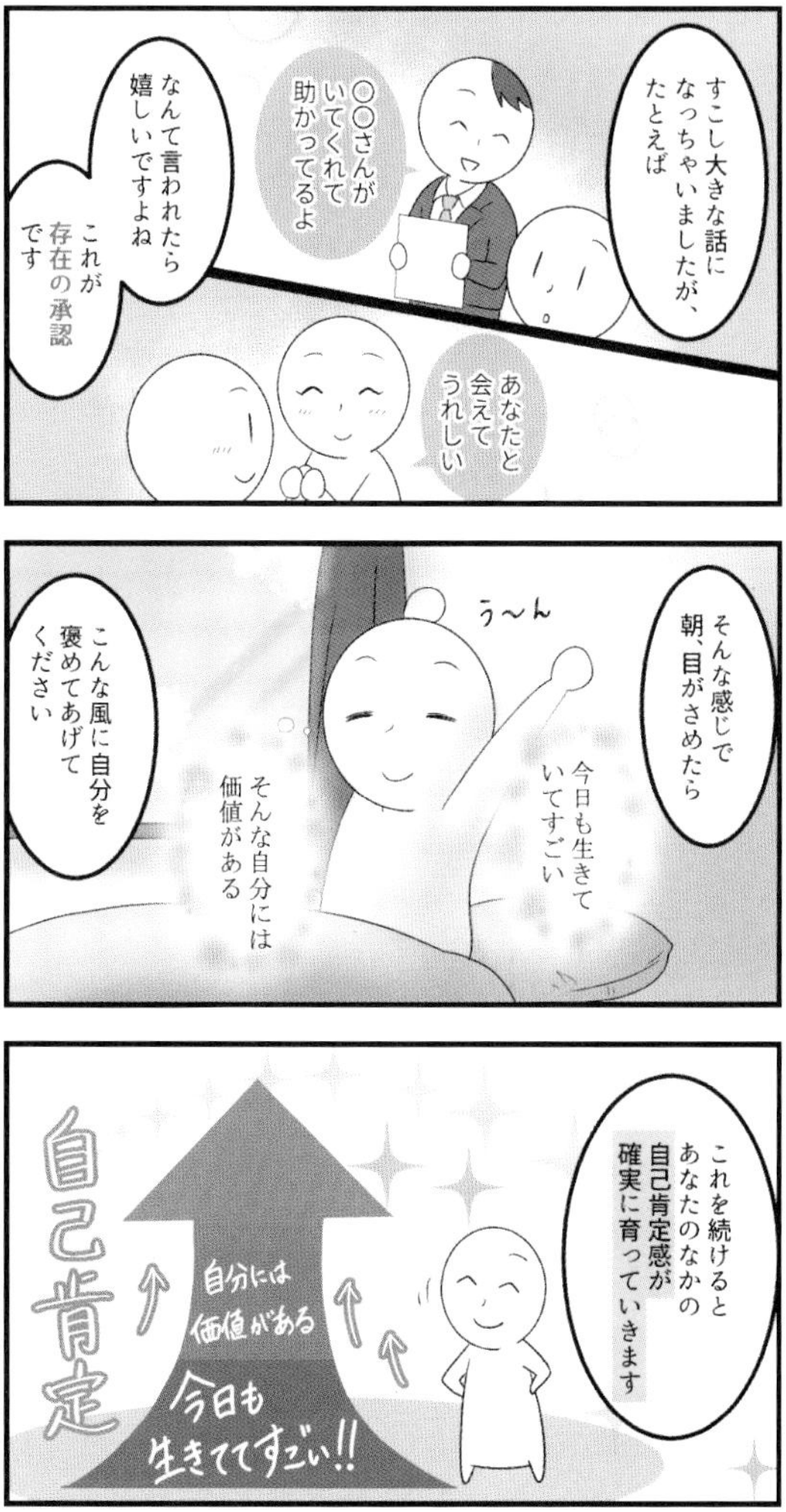

3つの承認、1つずつ見つけるだけでも、「寝る前の3褒め」クリアできそうな気がしませんか？

いや、寝る前だけじゃ足りません！！　これからはご飯食べたら褒めて、仕事終わるたびに褒めて、そのために工夫したこと褒めて褒めて褒めまくるぞ〜〜〜！

その調子！！

まとめ　自分を褒めるコツ

①結果を褒める：できた！　達成した！

②成長を褒める：成長した！　挑戦しようと思った！

③存在を褒める：私は存在するだけで価値がある。生きてるだけですばらしい。

失敗をいつまでも引きずる 02

失敗した

うわ〜〜
まずいなこれ
どうしたもんか…
がしがし
あ…
えと…
おたおた
どうしよう
私のミスなのに
何もできない

私が悪いのに

ん？
どうした
あ、部長
実は
かくかく
しかじかで…
す、
すみませんっ

おいおい
たのむよ
すみません
すぐに—
ああもう
私のせいで先輩に
謝らせてしまった
申し訳ないよ〜〜

ひとだんらく　だけど……

あの、先輩
さっきはすみませんでした
私なにもできなくて…
おず おず
ああ、もう大丈夫だから
次は気をつけて
は、はい…
先輩は大丈夫って言ってくれたけど
結局まかせきりになっちゃったしあきれてるだろうな…
私がおこしたミスなのに…
はっ
いかん いかん
ぱん ぱんっ
おちこんでる場合じゃないだろ
仕事に集中しなきゃ!!
ばんかぃ ばんかぃっ

想像
勘弁してほしいわー
あいつのせいで仕事増えたじゃん
つかえねー
もゎん もゎん
はぁ…
不安…
ぐるぐる　もんもん
今日はミスするし
ガタン ゴトン
結局あのあと仕事に集中できなかったし
私ってダメだなぁ…
はぁ〜
じわっ
〜〜〜 なんで私ってこうなんだろう
ぐすっ ぐす
ああもう今日のこと考えちゃって寝れない…！

解決編

落ち込んだときに試してみて！ 気持ちを軽くする4つの方法

あーあ、なんであんな失敗、しちゃったんだろう……
〇〇さんに迷惑かけてしまって申し訳ない……
嫌な感じに思われてたらどうしよう……

誰にでも落ち込んだり不安になることって、ありますよね。それをうまく発散できる人もいれば、暗い気持ちからなかなか抜けだせない人もいると思います。

私は後者で気持ちを切り替えるのが苦手なタイプでした。

失敗したのは一度でも、その場面をくり返し思い出して、また落ち込んでしまったり……。

今回は、そんな私が実践して効果があった**「気持ちを軽くする４つの方法」**を紹介します。

落ち込むことは悪いことじゃない

人間の脳は「考えるな」と思うことほど強く記憶に残ってしまうという性質があります。なので、暗い気持ちになったときに「早く忘れなきゃ」と思うのは逆効果です。暗い気持ちになるのは悪いことではありません。それもぜんぶあなたの大事な感情の1つ。**落ち込んでも不安になってもいいんだよ**、とまずは自分をゆるしてあげてください。

落ち込んでも、不安になってもいいんです。
とはいえ、ずーっと暗い気持ちのままいるのも辛いですよね。
ここからは、そんなときに使える「気持ちを楽にする方法」を4つ紹介します。

①頭のなかにある感情を外にだす

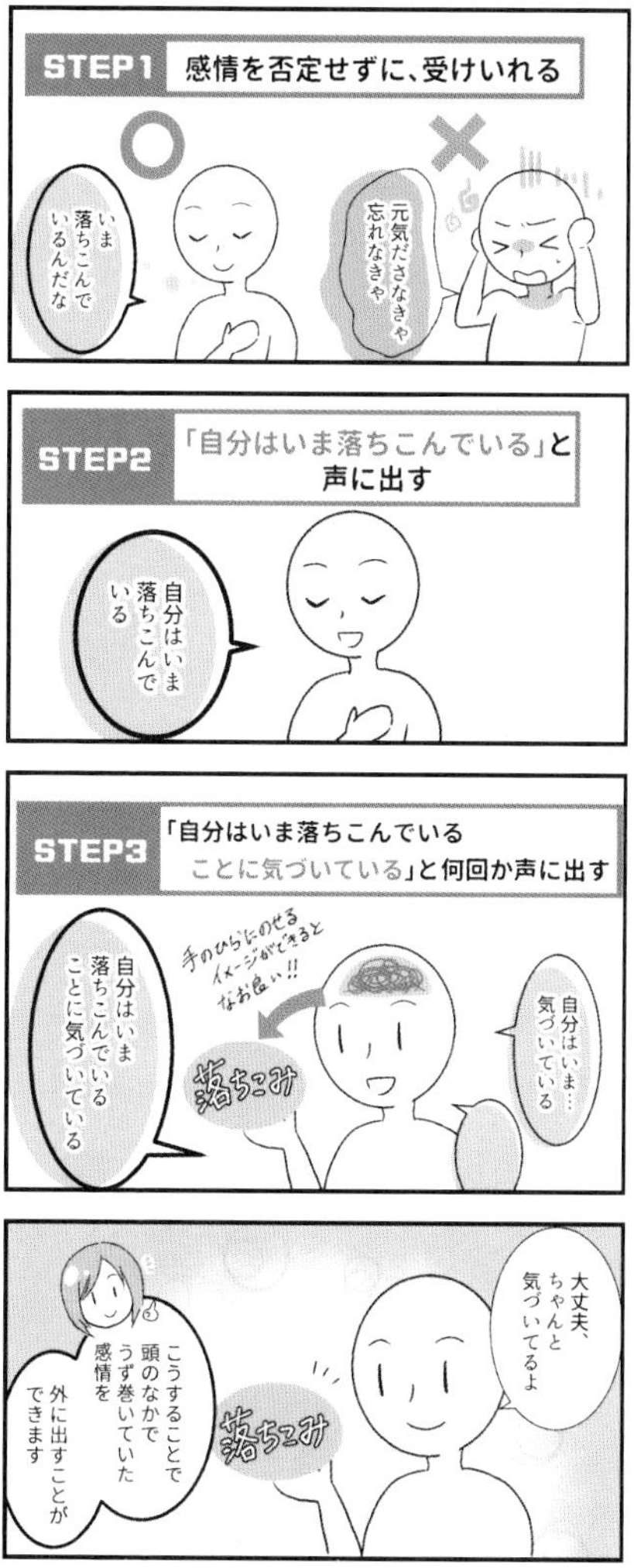

頭のなかでぐるぐると考えていると、小さな問題でも何かとてつもない大きな不安に襲われているかのような気分になるものです。

気持ちを手のひらに載せるイメージをするだけでも、悩みや不安がコンパクトになった気になりますよ。

また、「悩みごとが多くてしんどい」の項目で紹介（147ページ）しているように悩みや不安を紙に書きだすのもいい方法です。

「頭に浮かんだことを5分ひたすら書きだす」

やってみると5分書き続けるのってけっこう大変。でもその程度のことで私たちの頭はいっぱいになってしまいます。

紙に書くことで、頭をスッキリさせることができ、自分を不安にさせるものがなんなのか整理できるのでオススメです。

こうやって頭のなかだけでぐるぐる考えずに外にだすと、感情とうまく距離をとることができます。

②友達の相談に乗るようにアドバイスする

落ち込んだときは、**「もしそれを友達に相談されたら」**と考えてみてください。生き辛い人は、落ち込んでいる自分に対して、追い打ちをかけるように厳しく接してしまいがちです。ですが、**同じことを友達に相談されたら?と考えると、問題を客観的に見ることができ、今までとは違う考え方が浮かんでくる**と思いますよ。

③気分を数字にする

「最悪」じゃないなら大丈夫かな〜って気分になってきませんか？

④思いっきり極端に考える

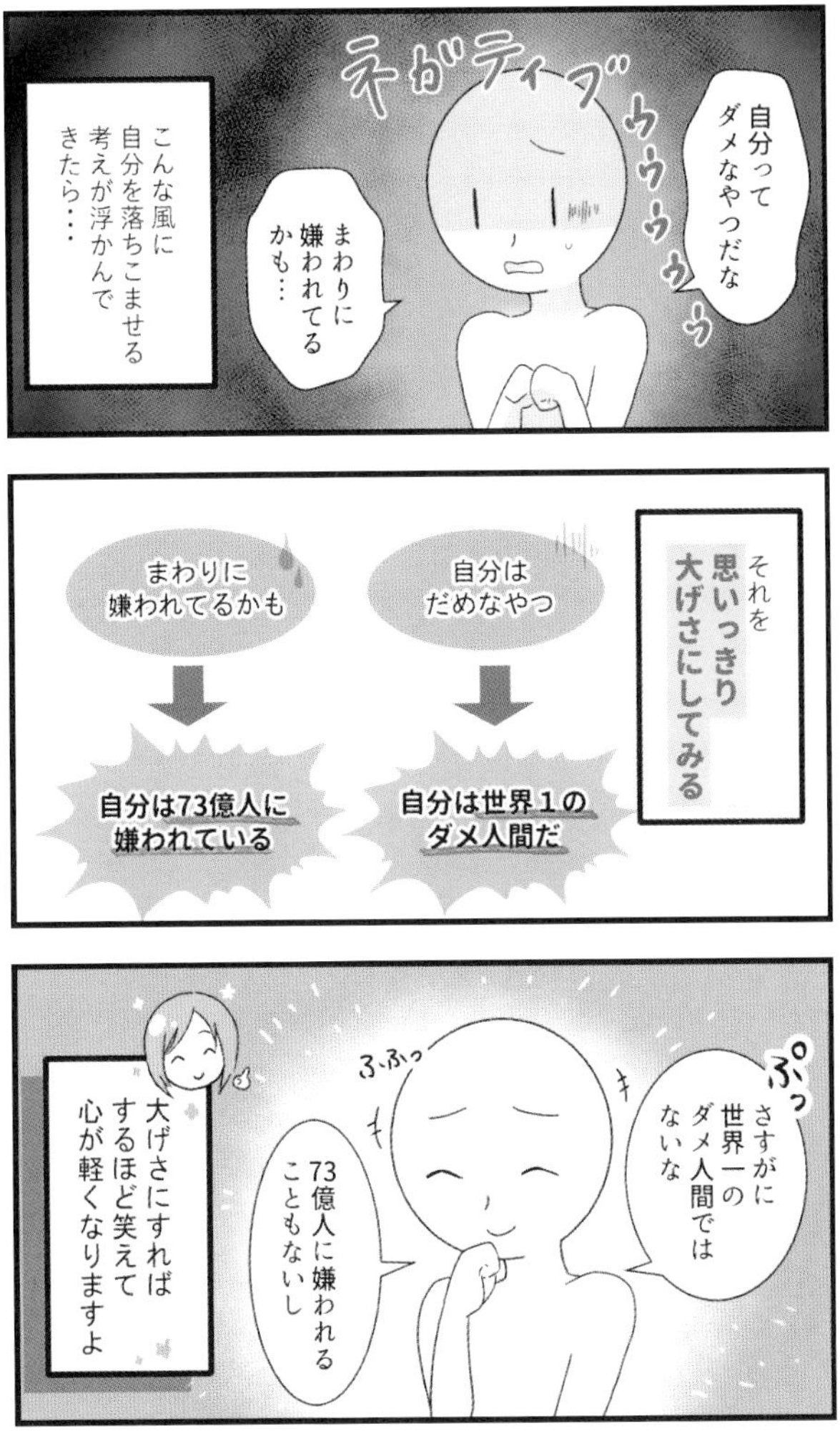
ネガティブゥゥゥゥゥゥ
自分ってダメなやつだな
まわりに嫌われてるかも…
こんな風に自分を落ちこませる考えが浮かんできたら…
それを思いっきり大げさにしてみる
自分はだめなやつ
自分は世界１のダメ人間だ
まわりに嫌われてるかも
自分は73億人に嫌われている
ぷっ
さすがに世界一のダメ人間ではないな
ふふっ
73億人に嫌われることもないし
大げさにすればするほど笑えて心が軽くなりますよ

暗い気持ちになっているときって、まるで自分が救いようがなく不幸で、世界中が敵のように感じてしまうことも。でも、実際にはそうではないんですね。

世界一のダメ人間なんかじゃない。73億人に嫌われることだってない。大げさにすればするほど笑えて心が軽くなりますよ。

暗い気持ちは、消そうとするよりどう向き合うか。落ち込んだり、不安や悩みで頭がいっぱいになったときは、今回の方法をためしてみてくださいね。

まとめ　落ち込んだときにやってみてほしいこと

- 自分の感情を否定しない
- 気持ちを外にだす（口にだす、紙に書く）
- 友達の相談にのるように、自分の悩みにアドバイスをする
- 気分を数字にする
- 思いっきり極端に考える

おまけ 失敗することとあなたの価値は関係ないよ

大丈夫。あなたの価値は何も変わってないよ。それを次どう活かすか考えていこう。

まとめ **失敗を忘れられないときは?**

●次に活かせる経験ができたと考えてみる

もっと自分に自信がほしい 03

解決編

ミスしても失敗しても失わない自信をつける方法

自分に自信、ほしいですよね。もっと自分に自信があったら……と思っている人は多いと思います。

でも、「自身がつく」ってどういう状態だと思いますか？

ダイエットをして綺麗になったら？

すごいことを成し遂げたら？

人より優秀になれたら？

多くの人が、「〇〇ができたら」「できるようになったら」自信がつくと思っていると思います。

ですが、それには1つ落とし穴が……。

「何かができる状態＝自信がある」だと、それができなくなったときに、その自信は失われてしまうからです。

私はうつ病になって、今まで当たり前にできていたことがすべてできなくなり、とても自信を失いました……。

そんな私ですが、じつは今、けっこう自信をもっているなぁと感じています。

何かすごいことができるようになったわけではありません。

うつ病になる前よりも、できないことはまだまだ多いです……トホホ。

そんな私が、なぜ自信をもてるようになったのか？

その方法を3つサクッと紹介した後、なぜその方法で自信がつくのか説明していきますね。

じゃなくて…

1. 自分の感情を否定しない

自信をつける方法その②
ありのままの自分を受けいれる

じゃなくて…

2. ありのままの自分を受けいれる

自信をつける方法その③ できていることにも目を向ける

3. 出来てることにも目を向ける

重要 なぜこの3つで自信がつくの？

1. 自分の感情を否定しない
2. ありのままの自分を受けいれる
3. できていることにも目をむける

え、これで自信なんてつくの……？

理由を知らないと、そう思うかもしれません。

冒頭でも書いたとおり、「何かができる＝自信がある」だと、それができなくなったときや失敗したときに自信を失ってしまいます。

特別なことができなくても、失敗してもなくならない「自信」とは、何かができる「自信」ではなく、自分を信頼できる「自信」です。

「自分を信頼できる自信」とは、どういうことかというと、**自分がどんな状態になっても、そんな自分を私は受けいれてくれるという自信**です。

失敗した。

働けなくなった。

落ち込んだ。

コンプレックスがある。

……こんな自分を何時間も、何日も、何年も責めてはいませんか？

自分に自分を責められ続ける。

嫌われ続ける。

これがなかなかキツイ。自分のなかに大きな敵が住んでいるようなものです。

逆に、

「どんな感情をいだいてもいいんだよ」

「得意なこと、不得意なこと、どんなあなたも丸ごと受けとめるよ」

「できないことだけでなく、できていることもあるよね」

こんな大きな味方が、24時間自分と一緒にいてくれるところを想像してみてください。ものすごく心強くないでしょうか？

自分自身が味方になると、自分がどんな状態になってもそれを受けとめてくれます。すると、失敗を過度に怖がることがなくなります。やってみたいな、と思ったことに挑戦しやすくなります。

これが自分を信頼できる「自信」です。

今までずっと自分の敵でいた人は、すぐには自分を信頼できないかもしれません。この3つを心がけて、**根気強く「私はあなたの味方だよ」と自分に教えてあげて**くださいね。

まとめ

失わない自信を身につける方法

①感情を否定しない

②ありのままの自分を受けいれる

③できていることにも目を向ける

自分にとっていい上司

@生き辛いOL
なんでこんなこともできないんだ！
お前は本当にダメなやつだ！
スミマセン!!
うわぁ…
あそこまで言わなくたっていいのに
でも自分のことになると…？
なんで私はこんなこともできないんだろう
最悪
私は本当にダメなやつだ
できてることもあるよ
疲れたの？じゃあ休もっか
自分にとって良い上司になれていますか？

人に嫌われるのが怖い… 04

いつも誰かの顔色うかがい

さっき課長に
あの資料できた？
って聞かれてさー
忘れてたから
今すぐにやります
って言ったら
えっ
急いでよ!!
しめきり
昨日
でしょ?!
って怒られた
んだけどー
ぶー
ぶー
いや締め切り
すぎてて
急いでは
当たり前じゃ…
なんか
冷たいよねー
ぎょっ
えっ同意
しちゃうの?!
そうそう
あのハゲ
本当むかつくー
ねー
きゃい
きゃい
うっ…
こ、これは
同意しないと
いけない空気…
空気よみ～～
あはは、
言い方が
ちょっと厳しい
とこあるよね…

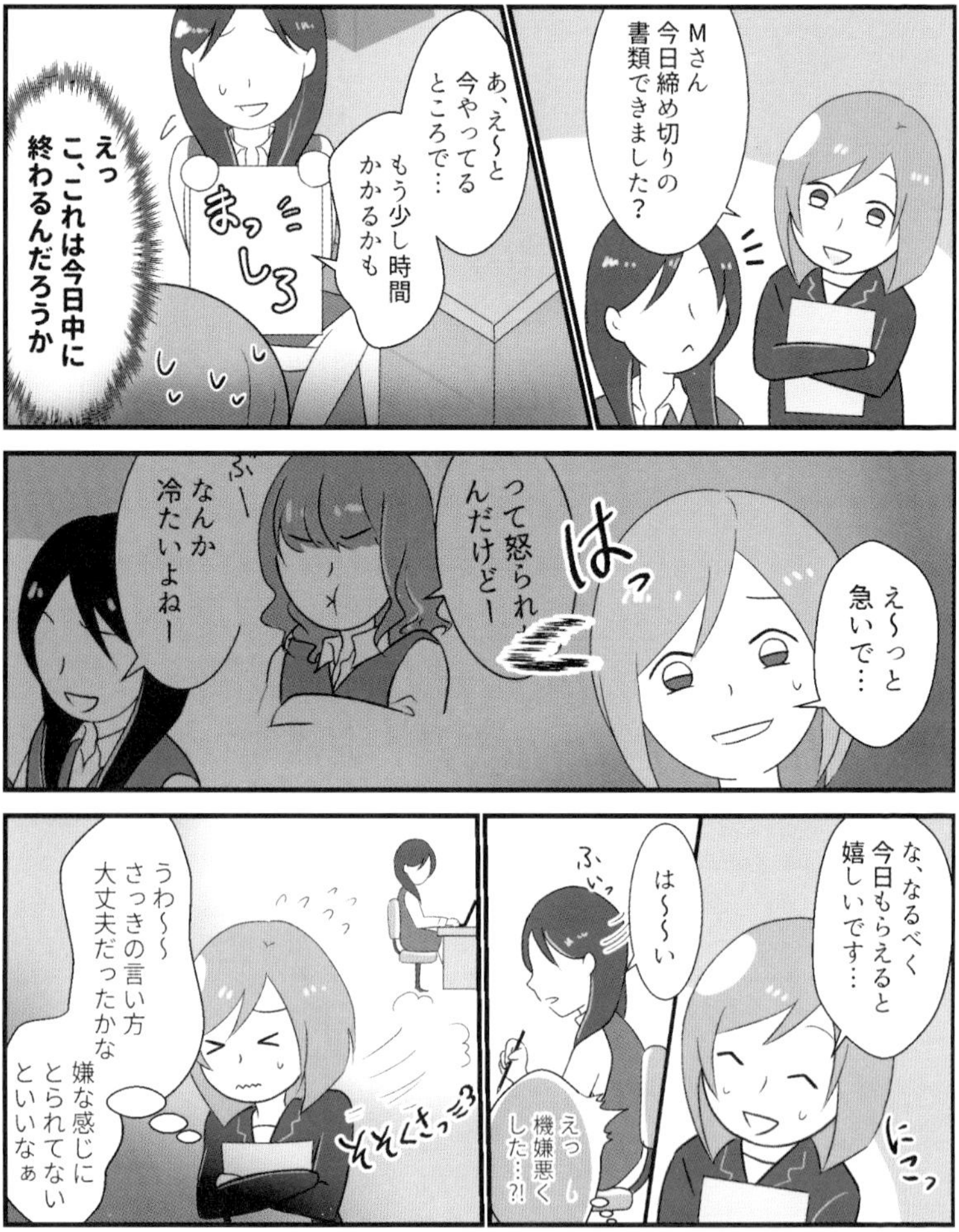
Mさん
今日締め切りの書類できました？
あ、え〜と
今やってるところで…
もう少し時間かかるかも
まっしろ
えっ
こ、これは今日中に終わるんだろうか
え〜っと
急いで…
はっ
って怒られ
んだけどー
ぶー
なんか
冷たいよねー
な、なるべく
今日もらえると
嬉しいです…
にこっ
は〜〜い
ふいっ
えっ
機嫌悪くした…?!
うわ〜〜
さっきの言い方
大丈夫だったかな
嫌な感じに
とられてない
といいなぁ
そそくさっ

「やめて」が言えない

友達と休日ランチ
でさ～
キ
うんうん
あはは
キ
ぱあっ
あれ？あかり痩せた？
友
え？本当？
あ、ちがうか 顔でかいだけや～～
体が細くみえる～
あはははは
キ
キ
イラッ
ずるっ
で、でた…いつものお約束的ないじり
昔からこうやっていじられるのがお決まりの流れになってるけど
ぐぬぬ…
正直本当に気にしてるから傷つくんだよなぁ
あなたは小顔でいいよねぇ
友
でも
やめてって言って盛り下げるのものも嫌だし…
あれ？この帽子小さい？
いや顔でかいからや～～
あはは
キ
キ
結局言えなくて毎回こうしてノっちゃう自分が嫌だ

沈黙が怖い

しん……
あ、あのさ
そういえばこの前〜〜
何か話さなきゃ…!!
焦

1人反省会

また遊ぼうねー
バイバイ〜
友達と遊ぶの楽しいけど…
ふぅ…
終わった後どっと疲れるこの感じなんなんだろう
1人楽〜
Aちゃんは今日楽しかったかな…
もんもん
あの時もっとこう言えばよかったかな
あんな風に言って大丈夫だったかな
こうれい
1人反省会

解決編

人に嫌われるのが怖くて人間関係に疲れてしまった私を救った考え方

人に嫌われないように。
相手を不快にしないように。

そんなふうにいつも全力でその場の空気を読んで、人に好かれそうな、相手に喜ばれそうな自分を演じてきたみなさん、本当にお疲れさまです。

人づき合い、そろそろ疲れちゃいましたよね。

私も以前は、とにかく人に嫌われたくなくて、まわりに好かれそうな自分をつくって人と接していました。**自己肯定感が低いと自分の価値を低く考えてしまうので、「私は自然体のままでも誰かに受けいれてもらえる」という感覚がもてません。**すると、相手に受けいれてもらえそうな自分をつくりあげて関係を築こうとしてしまいます。

でも、これすごく疲れるんですよね……（げっそり）

今回は、人間関係に疲れ切っていた私を救った考え方を2つ紹介します。

それは誰の課題？

1つ目は、かの有名な心理学者アドラー先生に教えていただきましょう。

よろしくお願いします。

アルフレッド・アドラー（1870～1937）

オーストリア出身の精神科医・心理学者。同じく心理学者のフロイト、ユングと並んで現代のパーソナリティ理論や心理療法を確立した1人。日本では、『嫌われる勇気—自己啓発の源流「アドラー」の教え』で広くアドラー心理学が広まった。

課題をわける、というと?

たとえば人は誰しも他人に嫌われたくないと思っていますよね
大丈夫かな(汗)
さっきの言い方まずかったかなっ
はい、私もそれでいつもビクビクしていました
あなたは人に嫌われたくないと思っていますが
あなたを嫌うかどうかは相手が決めること
スキ
別に…
キライ
あなた
相手
つまり相手の課題です
あなたをどう思うかどうかは相手しだいです
つまりコントロールできないこと
こっちむけー
ふんぬ〜
ギリギリ
相手の課題
それをどうにかしようとするから苦しくなるんです

その行動によって
あなたを嫌うか
どうかは相手が
決めることです
同じことを
されても
嫌わない人も
いますよね
なんでそんなこと
言うの?!
へえ~
それいいじゃん!

たしかに、「私」をどう思うかは「相手」が決めることなのにそれを「私」がずっと悩んでいてもらちがあきませんね。いつまでも悩み続けちゃうわけだ……。

逆に言えば、**たとえ誰かが私を嫌ったとしても、それは「相手」の課題。「私」が背負う課題ではない**ということです。

えっ⁉　でも、たとえば私が何かしたことで嫌われてしまったのなら、それは私のせいですよね……。

謝罪したり、行動を改めることで関係が改善することはあるでしょう。しかし、そのうえで「私」をどう思うかは、やはり相手次第なのです。

他人に嫌われないよう、好かれようと必死

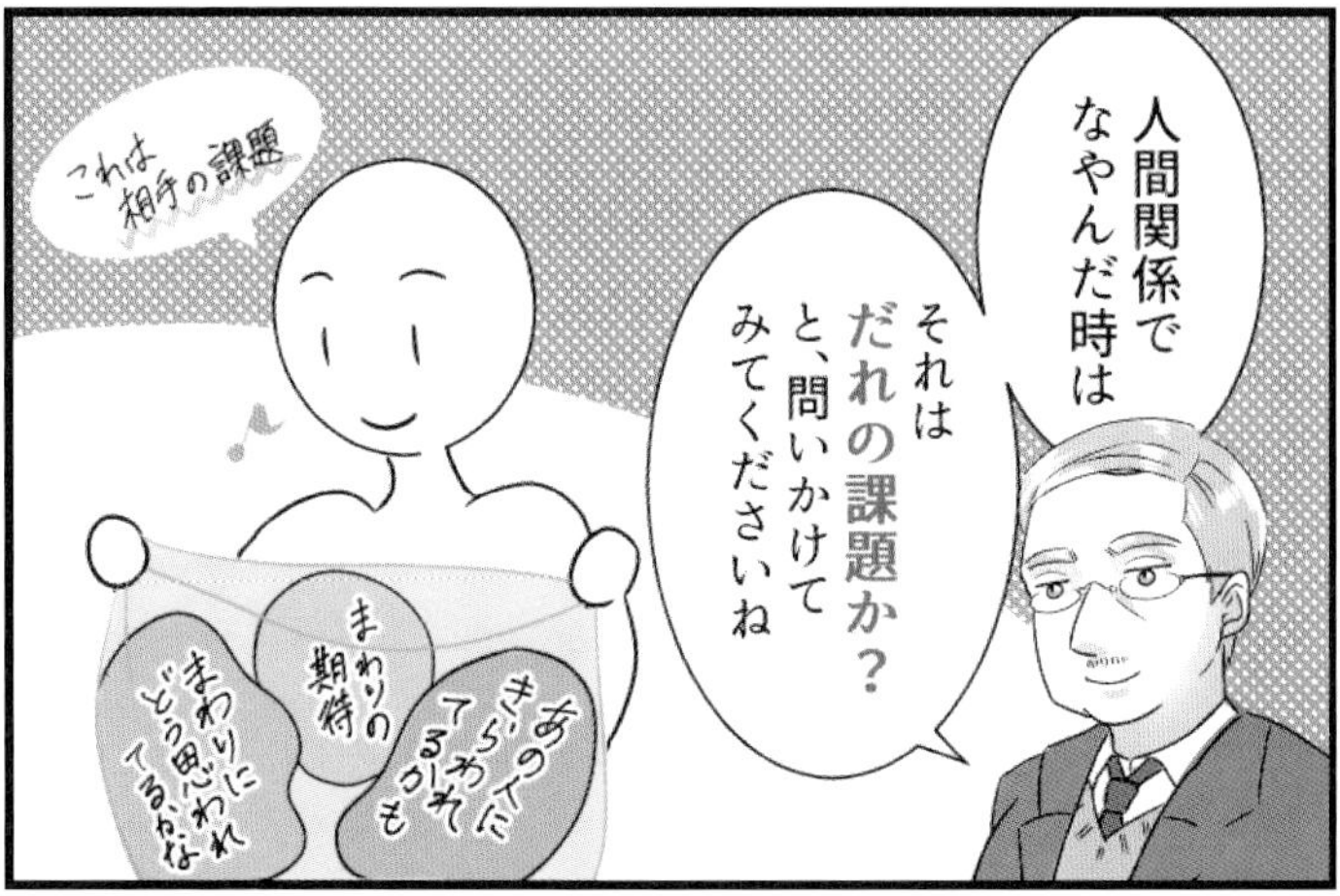

になっても、それをコントロールすることはできません。自分がどうにかできるのは「自分の課題」のみです。

これは誰の課題なのか？と考えると、どうしようもないことで悩み続けることが減ると思いますよ。

アドラー先生の教えは、人に嫌われてもいいやと開き直るものではありません。ですが、人にどう思われるかを「自分の課題」のように背負いこんでしまう人は、それは誰の課題？と考えると肩の荷が少し軽くなるのではないでしょうか。

自分は他人からどうとでも思われることがあると、認識しておこうね。

2・6・2の法則

人間関係をもっと楽に考えられるようになる「**2・6・2の法則**」です。

人間関係がうまくいかないって悩んでる人って
ウマがあわない
理解されない
キライ
ここの2割の人のことでずっと頭を悩ませてる人って少なくないと思うんです
どうせ全員に好かれるのは無理なんだったら
理解し合える
大切
スキ
自分をよく思わない2割の人のことはある程度わりきって私はこっちの人たちを大切にしたいです
だね〜

あっ。わたし、人に好かれるか、嫌われるかの2択しか考えてなかったなぁって。だからよけいに人には好かれなくちゃって思っていたのかもしれません。

自分に置き換えてみるとわかりやすいね。まわりに好きな人も嫌いな人もいるけど、実際はどちらでもない人がほとんどだ。

相手も同じ、ということですね。

まとめ　「人に嫌われるのが怖い」と思ったら……

- 私をどう思うかは「相手の課題」で「私の課題」ではない。したがって、私がコントロールできることではない。
- 人は、好きでも嫌いでもなく「どちらでもない」人がほとんど。
- 全員に好かれることはできない。でも全員に嫌われることもできない。
- その人は、あなたがこれから大切にしてつき合っていきたい人ですか？

他人と自分を比べてしまう 05

みんなはもっとできてる

うん、問題なし
ぽんっ
以前はミスも多かったけどよく出来るようになったじゃないか
成長したな
あ、ありがとうございます
わー褒められた
主任、こちらも確認お願いします
ん、わかった
ちらっ
成長したって言ってもらえるのは嬉しいけど…
あとあの件も問題ないです
おー早いね
私がこれ1つやってる間に先輩はあの仕事もこの仕事もやってるわけだし
私なんてまだ全然できるうちに入らないよなぁ
浮かれない浮かれない

え、A君 もうそんな仕事 まかされてるの?!
ん〜
たまたま人手が 足りなかった だけだよ
で、でも こなせてるん だからすごいよ
俺なんて ぜんぜん
Bなんて あっちこっち 飛び回って 忙しそうに してるよ
ぐいっ
同期B
明日は九州 その次は〜
へ、へぇ〜…
そっかぁ…
A君もB君も すごいな…
先輩も… ○○さんも △△さんだって
皆に比べたら 私なんて全然 ダメじゃん
おーい そろそろ 電気けすぞー
もっと頑張らなきゃ…!!
もっとできる ようにならなきゃ…!!

長所VS短所

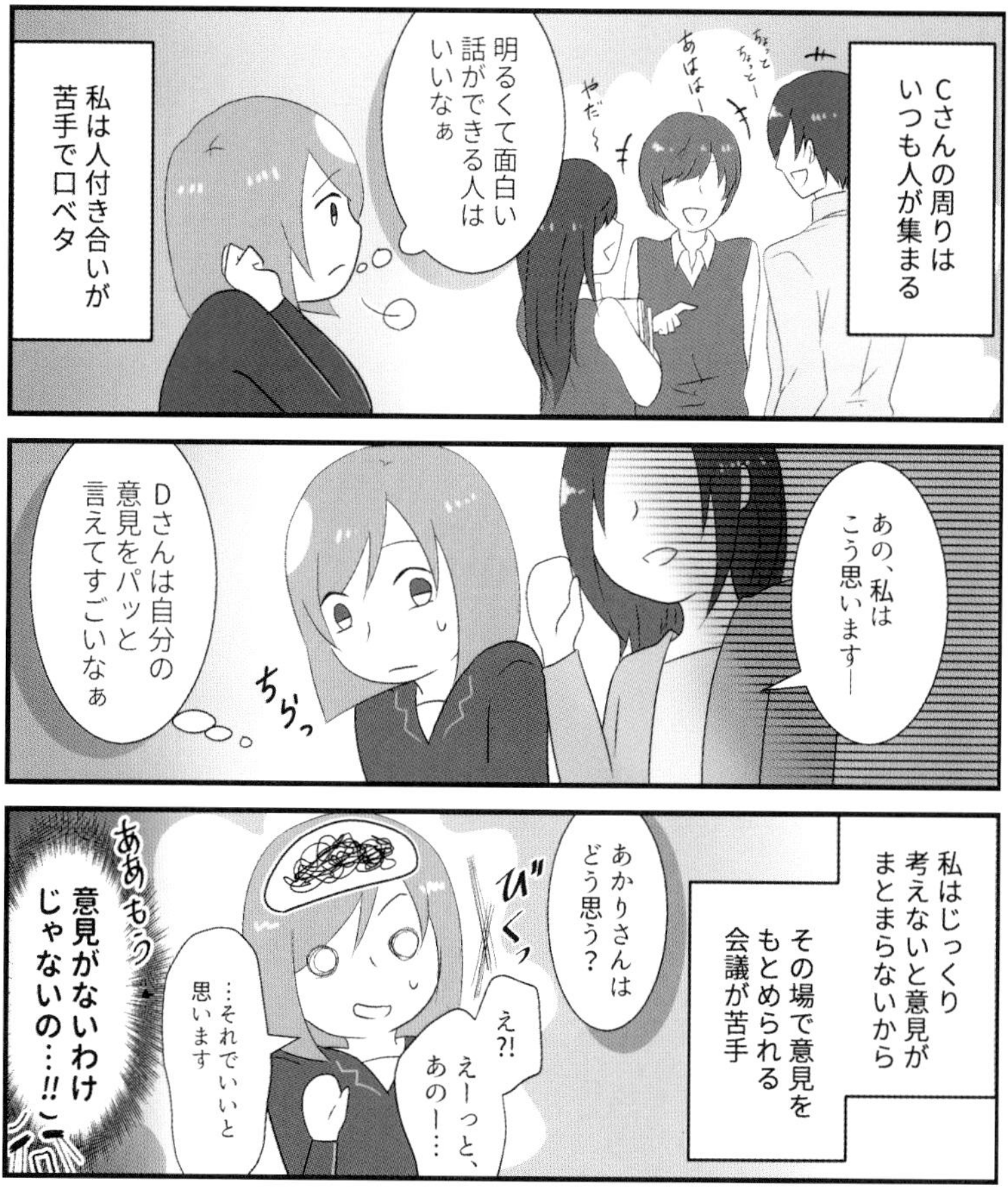
Cさんの周りはいつも人が集まる
ちょっとちょっと〜
あははー
やだ〜
明るくて面白い話ができる人はいいなぁ
私は人付き合いが苦手で口ベタ
あの、私はこう思います——
ちらっ
Dさんは自分の意見をパッと言えてすごいなぁ
私はじっくり考えないと意見がまとまらないから
その場で意見をもとめられる会議が苦手
あかりさんはどう思う?
びくっ
え?!
えーっと、あのー…
…それでいいと思います
ああもう
意見がないわけじゃないの…!!

Eさん、これお願いできない？
え〜 またですか〜 それ嫌いなんですけど〜〜
頼むよー あ、もしかして忙しい？
まぁできますけどぉ
Eさんってちょっと不真面目そうに見えるけど
要領よくいろんなことができるんだよなぁ
ちらっ
それに比べて私は「しっかりしてる」「真面目そう」
なんて言われるわりに
おわらない〜
要領はよくないし
とっさに機転もきかせられないタイプなのよね…
マイナスのギャップすぎる…
あ…あう
パニック
なんで皆みたいにできないんだろう
ああもうこんな自分嫌だなぁ…

解決編

誰かと自分を比べて落ち込んでしまうあなたへ

人と比べるクセがあると
できた
けど…
達成
@engawa_akari
人より
いい結果
じゃないと
達成感が感じられなくなることがある
あの人の方が私よりずっとできてるな
ネットのおかげで「すごい人達」をたくさん見ることができる今。
自分の努力や結果が小さなものに感じてくる
みんなすごいなぁ…
それに比べて自分は…

比べる相手を間違えない

こんにちは、いつも人と自分を比べて落ち込んでいた生き辛いOLです。みなさんもつい人と比べてしまう、そんなクセがありませんか？

フェイスブック、ツイッター、インスタグラム……SNSの普及によって、本当にたくさんの人の人生をのぞくことができるようになりましたよね。

良い面もある一方、成功している人、幸せそうな人を見て、「それに比べて自分は……」と暗い気持ちになっている人も多いように感じます。

たとえば、仕事で何か新しいことを覚えたときも。

それは間違いなく自分にとって「成長」であるのに、

ほかの人は当たり前にできてる

～に比べたらこんなの大したことない

と、誰かと比べて自分の「成長」を小さく丸めてしまっていないでしょうか。

せっかく成長できたっていうのに、それをなかったことにしてはもったいない!!

できたこと、成長したことを自分で認めて褒めてあげることは、自己肯定感を高めるのにも役立ちます。

自分と誰かを比べて落ち込んだときは「その人と競争でもしてるの？」と自分に聞いてみてください。

そのへんの誰かを「なんとなく」自分の比較対象にして、「なんとなく」落ち込んでいる、そんな自分に気づくと思います。

誰かと自分を比べて落ち込んだときは、比べる相手をチェンジ！　**本当に比べる相手は、過去の自分**です。自分の成長をしっかり認めてあげてくださいね。

比べる相手を間違えないで！
ぴょこっ
できるようになったよ!!
すごいね！
本当に比べる相手は過去の「できなかった自分」だけだよ

「どうしてみんなと同じようにできないんだろう」と思ったときは？

他人と自分を比べて落ち込みやすい人は、自分に「苦手なこと」や「できないこと」がある状態をゆるせないと考えている人もいます。

とくにまわりの人が当たり前のようにこなしていることができないと、「こんなこともできない自分はダメだ」と自分を責めてしまいます。

「なんでみんなのようにできないんだろう」と思ったら次のように考えてみてね。

できないことがあっていい。そんな一面も自分にはある。

そんなふうに自分の「苦手」を否定せずに、いったん受けいれてみてください。

できないことがあることは、悪いことではありません。だから自分を責める必要もありません。

誰しも苦手なことやできないことはあって当たり前です。そしてそれは、**あなたのほんの一面にすぎません。**

私、会議で意見を言うのが苦手なんですよね。意見がないわけじゃなくて、その場ですぐに考えがまとまらないんです。だから、その場でサッと意見を言える人たちを見るとなんで自分はできないんだろうって……。

後輩ちゃんは、じっくり考えるタイプってだけなのにね。

わ〜なんかそういうふうに言ってもらえると苦手と思っていたところの見方が変わりますね。

短所と長所は紙一重なんて言うじゃない？　でも、まずはその短所を自分が受けいれてあげることができないと、長所として見ることもできないのよね。

できない自分を責めているうちは、それが自分のいいところかもしれない、なんて気づけないですもんね。

ちなみに、私も同じようにパッと意見が言えないことに悩んでたの。

えっ、そうだったんですか！

だから「もし後で考えが浮かんだら言いにいってもいいですか？」って上司に聞く

ようになったの（※実話です）。後出しでもけっこう受けつけてもらえるわよ。

それいいですね！　ちゃんと考えてるよってことも伝わるし……笑

苦手を受けいれると、対策も立てられるのよね。

「これ苦手だな」と認めることができるからこそ、裏側にある長所に気づくことも、対策を考えることもできます。もし、「なんでまわりと同じようにできないんだろう」「こんなこともできない自分はダメだ」と思ったときは、

「そういう一面もあるんだね」

こんなふうに、ぜひ自分に語りかけてみてくださいね。

まとめ　自分と他人を比べて落ち込んだときは

- 比べる相手を「他人」から「過去の自分」へチェンジする
- 苦手なことがあることは悪いことではないと考える
- 「そういう一面もあるんだね」と自分に語りかける

自分を1番責めていたのは…

自分なんかいらない
ブス
だめなやつ
誰からも好かれない
自分を責める言葉で頭がいっぱいになってしまったら
それって誰かに言われたの？
と、自分に聞いてみてほしい
あ…
そうすると
案外自分のまわりは敵だらけじゃないってことに気づく
私を一番攻撃していたのは
私だったんだなぁ
@engaw_akari
STOP
自分攻撃!!
ニャ

褒め言葉を素直に喜べない 06

そんなふうに思えない

え
あの
そんなこと全然ないです
たまたまで…
私なんて…
本当にそう思ってる？
お世辞で言ってくれてるだけなんじゃ…
せっかく人から褒めてもらえても
そんなことばかり考える自分に自己嫌悪しちゃって…
私って性格悪いんですかね〜〜〜
え〜ん泣
褒められても素直に喜べないってやつね

解決編

褒められても「本当かな？」と思ってしまうあなたに知ってほしいこと

こんにちは、生き辛いＯＬです。

あなたは、人から褒められたときに素直に喜べますか？

褒められても、「本当かな？」「お世辞で言ってるんじゃないの？」と疑ってしまったり、何か裏があるんじゃないかと思ってしまうなんて人もいるかと思います。

じつはそれ、あなたの「脳」が深く関わっているんです。

褒められても喜べないことと脳って関係あるの？

そう思うかもしれませんが、本当はすごく関係しているこの２つ。

マンガを読んで、なぜ自分が褒められても素直に喜べないのか確認してみてくださいね。

脳は身近な人からの言葉ほど強く受けとる

関係が近いと、同じ言葉でもよけいにショックですね（泣）

このように、**脳は身近な人からの言葉ほど強く受けとるようにできているの。**

1番身近な人は誰？

ところで1番身近な人って、誰だと思う？

どんなに身近な人が
あなたは素晴らしい
と言っても
あなたは
すごいよ
こんないい所も
あるよ
でも自分
なんて
あなたが
自分はダメなやつだ
と思えば
身近な自分の
「ダメなやつ」という
言葉を受けとります
こんなに
だめな奴
なんだよ

まわりから
褒められても
「自分なんて大したことない」
「あの人に比べれば自分なんて」
なんて
思ってない？
すごいね！
〇〇の
良い所だね
しっかり
してるね
こんなの
全然だめだ
自分
なんて
大したこと
ない
うっ
耳が痛いです

これは、自己肯定感が低い人にありがちです。
心の奥底で「自分にはたいした価値がない」と思っているので、まわりから褒められても「そんなことない」「あの人に比べれば自分なんて」と思ってしまうのです。
これでは、まわりがいくら褒めてもあなたは自分に自信をもつことができません。
そればかりか「どうせ心のなかではダメなやつだと思っているんだろう」と思うと、やはり脳があなたの言葉を強く受けとり、まわりが自分のことをそう思っていると感じてしまいます。

なんて怖い思い込み……！
これが、褒められても素直に喜べない理由なんです。
褒められても自分が「ダメ」だと思えば「ダメ」なほうを受けとってしまうんですね。自分が1番近い人間だから。

そう。だから**人から褒められたときは、その言葉を別の言葉に変換しないで「言葉そのまま」で受けとることが大事**なの。せっかく褒めてもらえたのだから、気もちよく受けとっていこうね。

自分のことが嫌いな人が知っておきたいカラーバス効果

突然ですが
これから5秒間
あなたのまわりに赤いものが何個あるか数えてみてください
はい、スタート
……いくつありましたか？
（　）個ですね
ありがとうございます。
そうしたら、この画面からまだ目を離さずに青いものが何個あったか思い出してみてください
わからない？
青いものなんてそもそもなかった？
では、顔をあげて確認してみてください

いきなりなんの実験⁉

そう思ったかもしれません。

でもどうでしたか？

赤いものを探していたときには目につかなかった青いものが、案外見つかってびっくりしませんでしたか？

じつはこの**「見たいものを見る」という脳の性質。あなたが自分のことを嫌いになってしまう理由に深く関係しているる**んです。

なぜ「見たいものを見る」という脳の性質が自分を嫌ってしまうことにつながるのか？

次のページからマンガで解説していきますね。

①

私たちは、毎秒
たくさんの情報を
感知しています
おなかすいた
あつい
さむい
音
脳
触感
ねむい
声
視える
あまりにも
情報が多いので
それらをすべて
感知していると
脳はパンクして
しまいます
なので脳は
自分にとって
大切なもの
つまり私たちが
見たいと思うもの
を優先して認識しよう
とするんです。
りんご
たべたい
↑これは
大切だ
これを
カラーバス効果
といいます
そしてこれは
自分のセルフイメージ
(自己評価)に
かなり関係しています
自分って
どんな人間?

②

自分がすき
自分には
価値がある
私にはできる
こんな風に
自己評価が
高い人って
なんだか人生
楽しそうに
みえませんか?
それも
そのはず
そう思える方向に
いつも目がむいて
いるからです
長所
お、ここは
自分のいい所
だな
ほーら
大丈夫だった
失敗したけど
学びがあった
成長
自分はダメ人間だ
必要のない人間だ
と思っている人は
やはりそう思える
方向に目がいって
しまいます
できてること
自分の
いい所
だめなところ
ミスした
できなかった
たとえ人から
褒められても
そちらに目が
向かないのです
あなたの
いい所
友
ありがとう…
でも…
嫌なところ
ダメなところ

ダメなところがたくさんあるから自分が嫌いなんだと思っていたけど、自分を嫌いになるような情報をすすんで感知しちゃってたんですね。人に褒められることだってなくないのに、失敗したことのほうが強く覚えてるもんなぁ……。

そうそう。自分を好きになりたいのに、自分の嫌いなところばかり探しにいっちゃってるんだよね。

そんなときはこれはカラーバス効果だ！と思いだして、自分のいいところにも目を向けてあげてね。

まとめ　人に褒められたら

- **言葉を変換しないで「言葉そのまま」に受けとる**
- **自分の嫌な部分に思いがいったら、これは「カラーバス効果」だと思って、自分のいいところに目を向ける**

人づき合い

「人づき合い」が苦手で疲れる、という人は
相手がどう思ってるか
そればかり考えちゃってないかな。

もっと自分のこと
考えていいんだよ。

断りたいけど断れない 07

まわりにいい顔ばかりしてしまう

あかりさん～
今ちょっと別の仕事がたてこんでてさ この仕事お願いしたいんだけど
えっえ～と…
できなくはないけど…先にやっちゃいたい仕事があるんだよなぁ
ムリかな？
あっい、いいや大丈夫だよ
本当?!助かる～ありがとう
あーあ。。。。
いつものことながら、断れなくてとっさに引き受けてしまった…
仕方ないやろう…
ていうか忙しいならムダ話してないで手を動かせばいいのになぁ…
あはは
うーん
もやっ

あかりさーん
はーい！
このシステム
前に使ってたよね？
やり方教えて
ほしいんだけど
えっ？
え〜と…
その目の前の
説明書どおりやれば
誰でもできますよ
私もそうやって
覚えたので
もしくは
ググってください
だれでもわかる○○
って言えたら
なぁ〜〜〜〜〜
言えない〜〜
ここは
こうやって…
なるほど〜
次は？
ああ結局
丁寧に教えて
しまう私…
自分の
仕事したい…

ひょいっ
あかりさん
あの仕事できた？
上司
はっ
えっ
ひぃん
やばっ
2人の頼み事
きいてたら
全然進んでない…
す、すみません
まだしばらく
かかりそうです
上
そうか…
ちょっと
急ぎでお願いね
ぐぬぬ
はい、
すみません…
くそう～～～
あの2人のせいで
私が仕事遅い
みたいじゃん
でも
引き受けたのは
自分なんだよなぁ…
ずーーん
ああ、まわりに
いい顔ばかりして
断れない自分が嫌だ…

解決編

他人にいい顔ばかりしてしまうあなたへの処方箋

嫌だと思っていても断れない。

自分を犠牲にしてでも相手を喜ばせようとしてしまう。

こんな人は要注意！　自己肯定感がすごく下がってしまっているかもしれません。自己肯定感が低い人は、自分には大した価値がない。あるいは、自分の価値をとても低く考えてしまっていることが多いのです。

なので、**他人から「良い評価」をもらうことに必死**になります。

こうしたら人に褒められる。喜んでもらえる。断ったら気分を悪くするかもしれない……。

こんなふうに他人から「良い評価」をもらいたいばかりに、「本当はこんなことしたくない」と思っていてもＮＯが言えないのです。

今回は、「断りたいけど断れない」「つい他人にいい顔ばかりしてしまう」人への対処法をお伝えしますね。

いつも良い人でいなくていい

頼まれると断れない、つい人にいい顔をしてしまうという人は、過去にまわりの大人から「いい子ね」「手がかからない」「しっかりしてる」なんて褒められたことがありませんか？

そんなふうに褒められて育つと、それが「正解」のように考えてしまい、大人になっても「いい子」がやめられなくなってしまう人が多いのです。

真面目でいい子にしてたらお母さんが喜ぶ。

しっかりしていると大人に褒めてもらえる。

そうやってまわりを喜ばせるために必死で「いい子」を頑張ってきたのですよね。

それがいつの間にか「いい子でいなきゃいけない」になり、「いい人でいなきゃいけない」に変わって、あなたを苦しめているんです。

ですが、**いつも「良い人」でいなくていい**んです。

他人の気持ちや、誰かの期待にこたえることばかり優先していると、それは「他人

あかりちゃんていつも大人しくしてていい子よねぇ
そう～？
あかりは弟くんみたいに手がかからなくて助かるわ
授業態度もまじめでしっかりしたお子さんですよ
そうですか～
いい子にしてるとお母さんが喜ぶ
しっかりしてると褒められる

大人になっても…

いい人でいなきゃ
もっとちゃんと
しっかりしなきゃ
人に迷惑かけちゃだめ
頼っちゃだめ

の人生」を生きることになってしまいます。
自分の人生を生きるためにも、「いつも良い人」でいようとするのはやめよう。
つい他人にいい顔ばかりしてしまうという人は、まず**自分に「いつも良い人でいなくていいんだよ」と許可をだしてあげて**くださいね。

本音タイム！　スタート！

断りたいけど断るのが苦手……という人は、頭のなかで**「本音タイム！　スタート！」**と号令を鳴らしてから言いたいことを言ってみてください。

断りたいけど断れない、人にいい顔ばかりしてしまうという人は、**NOを言うとその人との関係が悪くなってしまうのではないかと思いがち**です。

ですが、NOと言って終わる関係は、じつはあ

いつも良い人でいなくていいんだよ

まりありません。

ただ、NOと言えない人にとっては、それが想像できないのです。これは、実際にNOと言ってみることでしか実感できません。

「本音タイム！スタート！」と唱えると、頭のスイッチが切り替わって、思っていることが言いやすくなります。

そうすると、断ってもいいんだ、本音を言ってもいいんだということに少しずつ気づいていけるはずです。

やり方教えて
ほしいんだけど
え〜と…
本音タイム
スタート!!
先にやらなきゃ
いけない仕事が
あるので
ひとまずこの
説明書どおりに
やってみて
もらえますか？
だれでも
わかる◎◎
わからない
所があれば
後で教えて
ください
わかった
まずはこれ見て
やってみるよ
わからなかったら
聞きにいくね
はーい
いよっし!!
思ってること
言えた…!!

本音タイム！で勇気をもって本音を言ってみよう！

まとめ

断れない、いい顔をしてしまうときの対処法

● 「いつもいい人でなくていいんだよ」と自分に許可をだす

● 「本音タイム！　スタート」の号令を鳴らして本音を伝える

人の目が気になる… 08

他人の目なんて気にするな
自分は自分
まわりの評価を気にしていては何もできない
あ〜〜〜
もうわかった
人の目を気にしてもしょうがないことはよくわかった!!
でも気になっちゃうの!!
自分がどう思われてるか不安なの!!
MIMI☆DAKO
どうすればいいの〜〜〜!!

解決編

「人の目を気にしすぎて息苦しい」を克服するワーク

「他人の目が異常に気になる」

私がうつ病になった大きな要因の1つでもあります。今回は、人の目を気にしすぎて息苦しい。

でも気にするのをやめられない。

そんな人にむけて、まず、あなたが気にしているのは本当に「人の目」なのか確認した後、それを克服するワークを紹介します。

「人の目」が気になる。本当に？

先に結論を言ってしまいます。

「人の目を気にする」

これをピタっとやめることができる魔法のような方法はありません。ですが、肩を落とさないでくださいね。少しずつ、でも確実に、人の目を気にしてしまうポイントを減らすことはできます。わかりやすく私の実体験で説明します。

可愛い、着たい
なら着ればいい
なのに
二の腕太いくせに
あんな服着て(笑)
なんて思われたら
嫌だな…
と想像して
怖くなって
しまったのです

かわいい服を見つけたのに、自分のコンプレックスをまわりにどう思われるか気にしていますね。

結局、私は二の腕を人前にだす勇気をもてず、あんなに買う気まんまんだった服をあきらめました。

あきらめてしまった原因は、「二の腕太いくせにあんな服着て」とまわりから思われることへの恐怖でした。

この恐怖、いったいどこから来ているのでしょう。当時の自分を振り返って解説したいと思います。

わかりますか？

自分が人に向けた評価が、自分に返ってきていることに。

人からの評価を気にするポイントは、じつは自分が他人を評価しているポイントなのです。

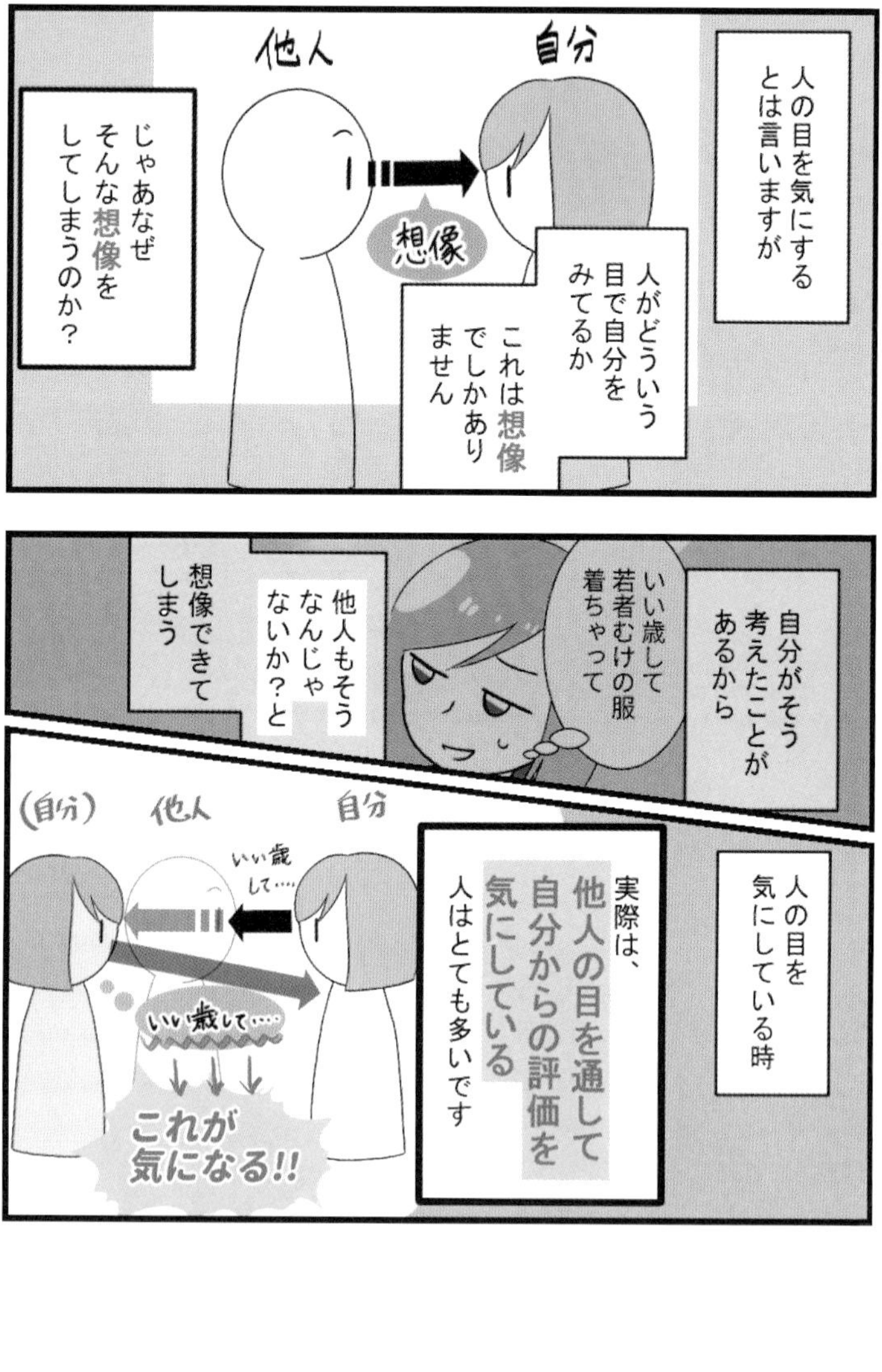
人の目を気にするとは言いますが
自分
他人
人がどういう目で自分をみてるか
これは想像でしかありません
想像
じゃあなぜそんな想像をしてしまうのか？
自分がそう考えたことがあるから
いい歳して若者むけの服着ちゃって
他人もそうなんじゃないか？と
想像できてしまう
人の目を気にしている時
実際は、他人の目を通して自分からの評価を気にしている人はとても多いです
自分
他人
(自分)
いい歳して….
いい歳して….
これが気になる!!

「こいつは馬鹿だ」と人を見下したことがある人は、他人から馬鹿だと思われるのが怖くなります。

「なんでこんなこともできないんだ」と人に思っている人は、自分がそう思われないように必死になります。

「〇歳で結婚できないなんて……」

思えば
父が働かずに
家にいたとき
「いい歳して
働きもしないで」と
軽蔑していました
父
こんな大人には
なるまいと

うつ病になって
働けなくなった時
はたらけない
大人なのに
私はダメな
人間なんだ
父に向けた評価が
そのまま自分に
かえってきて
辛かったのは
言うまでも
ありません

と人を評したことがあれば、自分がその立場になることが怖くなります。
あなたは、本当は誰の目を気にしていますか？

実践 「人の目が気になる」を克服する

自分が他人にくだす評価が自分を生き辛くしている。

おわかりいただけたでしょうか。

つまり、「人の目を気にする」をやめたければ、他人に寛容になることです。

人に対して「～するべき」「こうあるべき」と思うのはやめましょう。

それはいつか自分に対しても「こうあるべき」という思いに変わり、あなたを苦しめるようになります。

う～ん、他人のことはゆるせても、自分のことだと気になってしまうポイントはどうすればいいんだろう……。

そういう人は、自分のなかにある評価を変えちゃおう。次のワークをやってみてね。

このように人の目を気にしてしまうポイントを見つけ、それを1つ1つ減らしていきましょう。

人に寛容になれるポイントが増えれば増えるほど、結局は、自分が生きやすくなっていくよ。

そして、他人に寛容になれば、その他人を通して見る自分の評価も変わります。

人の目が気になったときは、自分のなかにある考え方や固定観念を見直してみるいい機会です。

今までは、人の目を気にすることで不安や恐怖を感じてきたかもしれません。

でも、**「人の目を気にしたとき」は「自分の生き辛さを1つ見つけたとき」**です。

人の目が気になったら、「また1つ生きやすくなれるチャンスだ」と思って今回のワークをためしてみてはいかがでしょうか。

おまけ まわりが私をゆるしてくれない

「他人をゆるせると、自分が生きやすくなるよ」と書きましたが、

- 両親に「いい歳なんだから早く結婚しろと言われる」
- 人から見た目をからかわれる
- こうあるべきという世間の風潮

こんなふうに、自分はこれでいいと思っていても、まわりが自分をゆるしてくれない、なんてこともあると思います。

ですが、**その意見を「そうだな」と思うか、はねのけるかは、自分が決めていい**の

です。

まわりの意見を自分の意見にしなくていいんです。

とはいえ、それによってまわりにどう思われるか気になってしまうという人は74ページの「自分の課題」と「他人の課題」をわける考え方が参考になると思います。

合わせてチェックしてみてね。

まとめ 人の目が気になったときは？

- 気になるポイントの良いとこ探しをしてみる（評価を変える）
- 他人をゆるせばゆるすほど、人の目が気にならなくなる

心配ごとばかり。本当に!?

アメリカの有名な大学の研究によると……

心配ごとで
頭がいっぱいになったら
思い出してみてね。

何をやっても三日坊主… 09

最後までやりとげられない

よーし
今日は部屋をピカピカにするぞー！
日記を買った！
今日から毎日日記をつけよう！
ダイエットのためにウォーキングを毎日1時間しよう！
ずんずん
やせるぞ〜〜

だけど実際は…
まだ半分だけどけっこうつかれたな…
重い家具もうごかしたし…
疲
今日はもう無理かも…
あ、あれ…？
意外と毎日1ページも書くことないなぁ
ふわぁ
●月▲日
ねむいしまた明日にしようっと
うわっ
まっしろ
もう3か月も書いてない
つ、つかれた…
今日はもう無理ウォーキングなんて行けない
ウォーキングカレンダー
OOX
うっ…
3日目でもう挫折か…
私って意志弱いなぁ
自分で決めたこともできないなんて
なんてダメなやつなんだろう

解決編 三日坊主な自分を責めてしまうあなたへの処方箋

- ダイエットのために毎日筋トレしようとしたけど3日しか続かなかった
- 年始に始めた日記をもう長いこと書いてない
- 今日こそ部屋をピカピカにする!!……本棚の整理だけで終わってしまった

目標を立てたときはやる気に満ちていたのに、実際に始めたらすぐ挫折してしまった……なんてこと誰にでもあるのではないでしょうか。

ここで自己肯定感がある程度高い人は、「まぁこんなときもあるよね」「目標の立て方が悪かったのかも」と思うことができます。

ですが、自己肯定感が低い人は、「自分は意志が弱いダメな人間だ」なんて、必要以上に自分を責めてしまいがちです。

今回は、そんな人に向けて**「自己肯定感を高める目標の立て方」**を紹介します。

自己肯定感を高める目標の立て方

では、実際に目標を立ててみましょう。

今日の目標をたててみよう
はい！ 今日は部屋をピカピカに掃除します
えっ
ちょっとまった
STOP
その目標、調子がいい時の自分を基準にしてない？
う〜ん よくわからないケド
ダメなんですか？
実際は・・・
調子がいい時の自分を基準にして目標をたてちゃうと
あきた
もういいや
つかれた
用事をおもいだした
すぐいきます！
思ったよりできなかったなぁ…
「目標を達成できなかった」という記憶がのこってしまう
目標が達成できないと 自己肯定感が低い人は、さらに自分の評価を下げてしまうのよね
自己評価
私ってだめだなぁ…
たしかに、やると決めた事もできないなんて、と落ちこむことも・・・
もくひょう

じゃあ、どんなふうに目標を立てるのがいいんですか？

自己肯定感を高めるために必要なのは、**大きな目標より小さな達成感。大切なのは、自分が決めた目標をクリアできたという達成感を感じること。**次のように目標を立て直してみてね。

まとめ

自己肯定感を高める目標の立て方

●目標を細かく設定して1つ1つのハードルを下げる

●最低限これができればOKというものを目標に設定する

●小さな目標をクリアして達成感を積み重ねる

自分を苦しめる○×ゲーム

こんなふうにいつも自分に○×つけちゃってない？

行動に○×つけて
自分を責めるのはやめよう。
「〜しなかっただけ」だよ。

10 「すべき・しなきゃ」と思ってしまう

私も明るくて人に好かれるような人間にならなきゃ…
わいわい
いいなぁ…
あれ？ちょっと太った？
ガーン
え、うそ?! 痩せなきゃ!!
ひぃぃぃぃ〆切やばい
でもこんなダメ資料みせられないよ…!!
もっとちゃんと完璧に作らないと
いい大人なんだから
しっかりしなきゃ
うう…
ミスしちゃダメだ
しんどい
ちゃんとしないと
あ〜〜〜もう疲れる
生きるのしんどいよ〜
ぜんぶ放り投げたい…
もうヤダ…

解決編 「すべき・しなきゃ思考」をとめる呪文

- **しなきゃ**
- **すべき**
- **普通は**
- **常識的に考えて**

よく使っている（思っている）言葉はありませんか？

生き辛い人は、こんなふうに「すべき・しなきゃ」といった自分ルールをたくさんもっていることが多いです。

ですが、自分ルールが多いと毎日が息苦しく感じられたり、ルール通りにできない自分を責めて自己肯定感を下げてしまいます。

そんな「すべき・しなきゃ」ばかりの自分をゆるせるようになるオススメの呪文があります。それは、

「本当に？」

この一言です

・いつも明るく元気でいなきゃ

・大人なんだからちゃんとすべき

・女なんだから料理くらいできないと

・痩せなきゃ

こんなふうに「すべき・しなきゃ」と思ったときは、「本当に？」とつぶやいてみてください。

そうすると、**知らず知らずのうちに自分を苦しめていた自分ルールに気づくことができます。**

では、実際に「すべき・しなきゃ」と思ったときに「本当に？」とつぶやいてみるよ。同じようなルールを設定しちゃっていないか確認してみてね。

呪文を唱えてみよう

①

本当に？

②

女なんだから
料理くらい
できなきゃ

本当に？

はっ
料理に
女とか男とか
関係ないわ!!
ぽーい
したい
と思ったら
しよう!!
ということで
今日はスーパーの
お惣菜〜〜
もぐもぐ
おいし〜〜♡

③

あれ？
ちょっと太った？
ガーン
え、うそ?!痩せなきゃ!!

本当に？

ん？
太った？＝痩せなきゃ
って反射的に思ったけど
本当に？
あれ？
今の私で困ってないし
健康に問題ある体型でもないし…
ちょいぽちゃ
なんだ痩せる必要ないじゃん

「すべき・しなきゃ」と思ったときに、「本当に？」と唱えると、**「こうするのが当然だ」「これが正解」と思い込んでいた自分ルールの存在に気づくことができます。**

その多くが、じつは自分に必要ないものばかりです。

なぜならその**自分ルールは、世間がなんとなくイメージする「理想」を自分で自分に押しつけていることがほとんど**だからです。

いつも明るく元気でいなきゃ……、大人なんだからちゃんとすべき……それは、世間の大勢が「なんとなくこれがいいよね」と思っているものにすぎません。

ですが、生き辛い人は、まわりの目、社会の目を気にするあまり、その「理想」から自分が外れていると、そんな自分を責めてしまいます。

誰かの「なんとなくこれがいいよね」に自分を合わせにいく必要はありません。

「私はこのほうが好き」「こっちのほうが快適に生活できる」そうやって自分が心地よく生きていくことをどんどんゆるしていきましょうね。

まとめ　「すべき・しなきゃ」と思ったら

- **「本当に？」と自分に問いかける**

解決編

完璧主義で辛い人におススメの「完了主義」とは？

つい「すべき・しなきゃ」と考える人は、もしかしたら**「完璧主義」**かもしれません。

①小さな間違いが気になる（落ち込む）
②自分が納得できる状態のものじゃないと人に見せたくない
③人に弱いところを見せらせない
④人に聞けない
⑤相談できない

どれか1つでも（とくに①～③）に当てはまったあなた。なんでも完璧にやらなきゃと、自分を追いつめて苦しくなっていませんか？

完璧主義さんには、まじめで責任感が強い人が多いです。ですが、それによって自分の首をしめてしまうことも……。

私もガチガチの完璧主義でしたが、正直、完璧主義だとかなーーりしんどい……。

そんな、**がんばり屋な完璧主義さんにオススメなのが「完了主義」**です。

「完了主義」とは？

完了主義とは
終わった…
これで完璧だろう…
ではなく
疲
ボロッ
よし3割完了!!
よくやった自分
ぐっ
5割完了!!
やるじゃん!!
7割完了!!
自分すご――い!!
ス●バにフラ●チーノかいにいこ～～

このように、**少しずつ成果をつみあげていくような心持ちでものごとを進めていくのが完了主義**です。

自信を失う「完璧主義」、自信をつける「完了主義」

完璧主義さんは、100点（完璧な自分）を基準として、できなかったことを減点していく傾向があります。

完璧なつもりで提出した書類に1つでもミスがあったら落ち込んでしまう……ような感じです。

これでは、できないことばかりに目が向いているので自信を失うばかりです。

ですが、**完了主義なら10点、30点、50点……と加点方式なので、できていることに目を向けることができます。**

できていることに目を向けることは、自己肯定感を高め、自信につながります。

同じ仕事をこなしても、減点方式で自分を見るか、加

点方式で自分を見るかで気分はずいぶんと違うはずです。

マンガを読んで、「自分って完璧主義かも……完璧主義のせいでいつも自分のこと減点しちゃってるな」と思った人は、ぜひ完了主義をためしてみてくださいね。

まとめ

完璧主義だと思ったら

●減点方式ではなく加点方式で自分を見てみる

悩みごとが多くてしんどい 11

いつも頭のなかが不安でいっぱい

1日くらい遅れても大して変わらないでしょ？
い、いや〜〜〜それは…
Aさんは女性社員のボスみたいな人なので気をつかう…
これぱっかりは◯◯な理由でできないんです
なので申し訳ないんですが――
は〜〜〜わかったわよ
ぶちっ
ツー
ツー
ギャー――――
今のヤな感じにとられたかな…
ああもう怖いよう
ぶるぶる
ガタンゴトン
あの仕事ちゃんと終わるかな
失望されたくない
うまくできなかったら
影で悪口言われたらどうしよう
もんもん
うっ…
はあ――…
もう会社の外なのにずっと気が重いや…

解決編

不安や悩みが尽きない あなたへの処方箋

会社を出ても、仕事や人間関係のことでずっと気が重い。
よく不安や悩みで頭がいっぱいになる。
ぐるぐると考えてしまって眠れない。

なんだか私っていつも悩んでばっかり……。そんな自分に疲れてしまう。

こんなとき、「まあいっか」「これは悩んでも仕方ない」とすぐに頭を切り替えることができる人もいれば、ずっと悩み続けてしまう人もいるのではないでしょうか。

でも大丈夫。

ちょっとしたコツで頭スッキリ。しかも悩みごとが減っちゃう方法があるのです。

今回は、考えごとや悩みごとが多くて疲れる人のために**「5分でできる頭のおそうじ法」**を紹介します。

ステップ① まずは頭をスッキリさせよう

考えごとや
悩みごとが多い
う〜〜ん
う〜ん
そんな人には
1日5分で
できる
頭のおそうじ法
がオススメ
用意するもの
ぽんっ
紙
ペン

悩みごとや考え事が多い人は、いつも頭のなかがパンパン。じつは**脳はそんなにたくさんの思考を処理できるわけではありません。**だから不安や憂鬱な思考で頭のなかがギチギチになってしまうと、楽しいことやうれしいことを考える余裕がなくなってしまいます。

そんな人は、紙とペンを用意して「頭のおそうじ」をしてみましょう。

5分、と時間を決めて
アラーム
05:00
頭のなかで考えていることをぜんぶ書き出す
悩み
不安
ガリガリ
ガリガリ
とりとめのないことでもいい
おなかへった
ねむい
とにかく頭に浮かんだことをぜんぶ書き出す

まず、5分も書くことがないことに驚くと思う
あれ、まだ3分?!
えーと、あとは…
あれもこれもどうしよう～って頭パンパンになってたけど
なんだかホッ
意外と書くこと少ないな…
あとなに書こう…
書き終わったらその紙をやぶる
えいっ
バリィッ
考えてることを書きだしてやぶる
ふぅ～～
すっきり
これだけでも頭の中がずいぶん整理されます

悩みや不安で頭がいっぱいのときって、たくさんの問題が果てしなく自分にふりかかっているような気になりませんか？

悩みや不安は、頭のなかに入れておくとどんどん大きくなっていきます。

そうすると、本当は数えるほどしかないのに、あれもこれもとものすごい数の悩みをかかえているような気分になるものです。

なので、悩みや不安は外にだしてあげましょう。

5分書き続けるのってけっこう大変です。でも、その程度のことで私たちは頭がいっぱいになってしまうんです。

思ってたより悩むことって少ないんだな。

そう思えるだけで頭も気分もスッキリしますよ。

ステップ② 悩みの仕分けをしてみよう

悩みごとや不安が多い人は、もしかしたら**本当は悩まなくていいことまで悩んでいる**かもしれません。

自分が悩まなくていいことにふりまわされてないか次のワークでチェックしてみましょう。これも5分でできるのでぜひやってみてくださいね。

何日かステップ①をやってみると
何度も同じことで悩んでいるのに気づく
あれ？これ昨日も書いてたな…
あんなミスして、上司からダメなやつだと思われたかも
●●の仕事うまくできなかったらどうし
▲▲さんに嫌なやつって思われたかも
それを事実と想像に仕分けしてみる
どっち？
想像
事実

普段よく悩んだり、不安になってるな～と思うものを**「事実」**と**「想像」**に仕分けてみましょう。

終わったら
やっぱりやぶる
えいっ
バリィッ
私が想像を
現実のように
思っちゃってた
だけで
は～
すっきり
悩むことって
実際そんなに
多くないのかも…
事実か想像か
仕分けするだけで
悩み事はぐっと
減らすことが
できます
想像
事実
自分の想像に
ふりまわされ
ないで

自分は○○だと思われてるかも……。
○○になったらどうしよう……。
○○さんに嫌われたかもしれない……。

ただの「想像」をまるで実際に起こっていることのように感じていませんか？

悩みや不安で頭がいっぱいになったときは、それが**本当に起こった事実なのか、ただの自分の想像なのか分けてみて**ください。そうすると、「本当は悩まなくてもいいこと」まで悩んでいた自分に気づくと思います。

自分の想像で悩みを増やしてないか確認してみてね。

まとめ　悩みごとが多くて辛いときは？

- **紙に書きだして整理する**
- **「事実」と「想像」に仕分けしてみる**

あなたの居場所

「いまの会社」「いまの学校」でうまくいかない
そんな自分をダメな人間だって思ってない？

どちらもあなたが接する
ひろい世界のほんの一部だからね。

12 ネガティブなことばかり考えてしまう

解決編

生き辛さから抜けだす最強テクニック！「ＡＢプランカード」

もっと肩の力を抜いて生きたい。
考え方を変えて生き辛さから抜け出したい。

なのに、わかっちゃいるけどやっぱり悪い方に考えちゃう……そんなことありますよね。

それもそのはず。**今までそういうふうに考えるのが当たり前だったのだから、元の考え方に引っ張られてしまうのは当然のこと**なんです。

とはいえ、そのままだといつまでも生き辛いままですよね。

今回は、**「こんなふうに考えられたらいいのに」を自分にしみこませる最強テクニック「ＡＢプランカード」**を紹介します。

「ABプランカード」って?

いつも悪いほうに考えてしまう……という人は、**何かあったら悪いほうに考えるという「思考パターン」**がしみついています。

その思考パターンを新しいものに書き換えてくれる方法が、このABプランカードなんです。

たとえば、ネガティブな思いにかられる自分をイメージして、

A：「私ってまわりからダメなやつって思われてるかも……」と、思ったら

B：「それは私の想像にすぎない。実際に言われたの？」と、つぶやく

と、あらかじめカードに書いておきます。

また、たとえば、誰かにものを頼まれたときに断れない自分をイメージして、

A：「もし、このお願いを断って嫌なやつって思われたらどうしよう……」と、思ったら

B：「誰にどう思われても私の価値は変わらないよ」と、胸に手をあてる

と、あらかじめカードに書いておきます。

こんなふうに

A：つい悪い方向に考えてしまったときに
B：どうするか

をカードに書いておき、それをもっておきます。そして、Aのように考えてしまったときは、カードを見かえしてBを実行してみるのです。

そうすると、今までのように悪いほうに考えてしまったときもすぐに自分を引き戻すことができます。

スマホにメモしておくのもいいけど、書くことで脳に強く刻まれるので1度は書いてみるのがおすすめ！

なぜ「ABプランカード」をつくるといいの？

なぜ「AならばBする」とメモしておくと、考え方が変わりやすくなるのでしょうか？

人間の脳は、「AならばBする」といったように行動の道筋を決めてあげたほうが、より実行に移しやすいという性質があります。

なにか目標を達成したいとき、まず計画を立てますよね。

これも、ゴール（目標）までの行動（計画）を決めてあげたほうが、私たちの脳は実行に移しやすく、目標を達成しやすくなるからです。

また、ものごとを悪い方に考えがちな人は

①つい悪い方に考える
②落ち込む、不安になる
③そんな自分を責める

このような負のパターンをぐるぐる繰り返して、どんどん暗い気持ちになってしまいます。

ですが、**「ABプランカード」をつくっておくと、負のパターンを断ち切って、Bという新しい行動に自分を導いてあげることができる**んです。

私は会社でネガティブな感情になることが多かったので
A
もや
もや
はっ
こんな風に考えた時は!!
ふせんにABプランを書いておき
それをデスクのひき出しに貼って
A
Aならば
Bする
悪い考えが浮かぶたびに眺めていました
ほっ
うんうん
Bって考えればいいんだったね

生き辛いOLの「ABプランカード」を紹介★

私が実際に使っていた「ABプランカード」をいくつか紹介します。カードをつくるときの参考にしてみてくださいね。

A：自分の○○なところが嫌だなぁと思ったら
B：「こんな一面もあるんだね」「それは私の一面でしかないよ」と自分に声をかける。

A：自分は何もできない人間だと思ったら
B：「できて当たり前にしちゃってることはない？」と自分に聞く。

A：ミスしたとき「自分はダメなやつだ」と思ったら
B：「ミスしたことと私の人格は関係ない。同じことを繰り返さないために対策を考えればいい」とつぶやく。

A：「最悪」「もうだめだ」と気分が沈んだら
B：「その気持ち、1～10までの数字にするといくつ？」と自分に聞く。
A：失敗したらどうしようと思ったら
B：「失敗してもまだ1ストライク！」とつぶやく。
A：あの人と比べて自分は全然だめだと思ったら
B：「比べる相手は他人じゃない。過去の自分だけだよ」とつぶやく。
A：友達が少ない、内向的な自分に対して卑屈になったら
B：「それって問題ある？」とつぶやく。（だいたい問題ない）
A：「察してよ!!」とイライラしたら
B：「私、口でつたえることをサボってない？」と自分に聞く。

Ａ：「なんでこんなにやることがあるの⁉」と嫌になったら

Ｂ：紙にやることをすべて書き出してみる。（たいてい思っているより少ない）

カードなしでもプラン通りに考えられるようになったら、気持ちよく破りさってしまいましょう！　ぜひ自分の「ＡＢプランカード」をつくって、「こう考えられたらいいのにな」をどんどん実現していってくださいね。

まとめ

ネガティブになったときのための対処法

A：つい悪い方向に考えてしまったときに

B：どうするか

あらかじめ紙に書いておく。

やる気がでる呪文

ちょっとしたやる気がほしいときは

「私って意外と〇〇できちゃうんだよね」

と、つぶやいてみて。

行動を起こしやすくなる
魔法の呪文だよ

内気で内向的な自分が嫌い 13

こんなに疲れるのは私だけ？

2軒目いく人〜〜
は〜〜い
あ、私はこれで失礼します
おつかれさまですー
よし行くぞー
ははは
わいわい
……
は〜〜〜〜〜〜〜〜〜
ガクッ
やっと1人になれた疲れた〜〜〜〜〜
飲み会ってうるさいしいろいろと気をつかうし
あまり得意じゃないんだよね…
でも皆は楽しそうだったな…
もしかしてこんなに疲れてるのって私だけなのかな
はぁ…
早く家かえろ…
静かなとこでゆっくりしたい

「話したくない」わけじゃないの

昼休みにずっとおしゃべりしてる人たちはすごいなぁ
私は話すこと＝ONモードだから休憩にならないもの
…別に
人と話すのが嫌いなわけじゃないけど
これ言って大丈夫かな
言いたい
言いたい
え〜とその
?
って思ってるうちに言葉が出てこなかったり
言いたいことがまとまらなくて
一気にばーっと話して会話が終わっちゃう
あれも
これも
その前にこれも
そういえばあれも
わー
わー
しーん…
だから気軽に雑談とかできないし
毎回エレベーターに誰も乗ってくるな!!と思ってるのは我ながら情けない…
トホホ…
遠くから人の声
しまれしまれ
ダンダン
私みたいなのをコミュ障とか内向的って言うのかな…
は〜〜なんで私ってこうなんだろう…

解決編 内向的な性格を直したい？ それはあなたの強みです

- **人と話すのが苦手**
- **なんでもネガティブに考えてしまう**
- **みんなとわいわい騒げない**
- **人前に立つと心臓が爆発しそうになる**

……こんなふうに、「内向的」な自分が嫌い。できることなら直したい。

そんなふうに思ったことはありませんか？

直すなんてとんでもない。**内向的であることはあなたの強みなんです。**

と言っても、私も少し前までは内向的な自分が嫌いでした。

今回は、内向的な人が「こんな自分も悪くないかも」と自分を認めることができるように、「内向的であることの強み」をお伝えします。まずは、あなたの内向度はどれくらいかチェックしてみましょう。

\\ 内向型チェックリスト //

- □ 数人でわいわい話すより1対1で話すほうが好きだ。
- □ 1人でいる時間が楽しい。
- □ 財産や名声に興味がない。
- □ 聞き上手だと言われる。
- □ 大きなリスクは避ける。
- □ 誰にも邪魔されずに没頭できる仕事が好きだ。
- □ 「落ちついているね」とよく言われる。
- □ 文章（メールやLINE）のほうが自分を表現できる。
- □ 完成するまでつくっているものは見せたくない。
- □ 他人と衝突したくない。ケンカは面倒くさい。
- □ 考えてから話す。
- □ 楽しいことでも外出すると消耗する。
- □ 1度にいくつも同時進行でするのは苦手。
- □ 忙しい週末よりも、何も予定がない週末が好き。
- □ 賑やかな場所よりも静かな場所が好き。

あなたの内向度はどれくらい？

「内向型チェックリスト」の15項目中、チェックが7〜8個ついたら、あなたは内向型・外向型の中間です。

チェックが多くつくほど内向型の傾向が強いということになります。

私は迷わず全部つきました……（苦笑い）

「内向的」という意味の誤解

そもそも「内向的な性格」とは、どんな性格でしょう？

・人と話すのが苦手
・気が弱い
・ネガティブ思考

こんなイメージを多くの人がもっていると思います。

じつは、**内向的・外向的の違いは、コミュニケーション能力や考え方の違いではありません。**

外向的な人と内向的な人の違いは、「感度の違い」。

内向的な人は、外交的な人に比べて外からの刺激に強く反応してしまいます。

だから人が大勢いるような刺激の多い場所に行くと疲れやすい、静かな家でゆっくりしているほうが好きという人が多いのです。感度が高いゆえに人の気持ちやその場の空気にも敏感に反応してしまうので、人づき合いに疲れてしまうことも。

こうして書くと、「やっぱり内向的な自分って損だ……」と思ってしまうかもしれません。ですが、

これこそが、内向的なあなたの大きな強みなんです。

- **外からの刺激に強く反応する**

内向的な人は才能の塊である

内向的な性格とは「外からの刺激に強く反応する」人のことであると書きました。

刺激に強く反応する内向的な人は、感性が豊かで感受性が強いという特徴があります。

そのため、アーティストや研究者など自分で何かを生みだすような仕事をしている人は、内向的な人が多いと言われています。

そのほかにも、**自制心が強い、想像力が豊か、考える作業に向いている、人が気づかないところに気づける、慎重にものごとを進められる、幸福や感動を人一倍感じられる**など、内向的な人には、このような強みがたくさんあるのです。

たくさんの人とわいわい楽しそうにしている外向型の人を見て、ついうらやましく感じることもあると思います。でも、内向的な人には内向的なりに活躍できるステージがあるのです。

だから無理して外向的になろうとしなくてもいいんです。

自分のこんな内向的な部分は美点だな、いいところだな、そんなふうに自分の強みにも目を向けてみてね！

まとめ 内向的な自分が嫌いになったら思いだすこと

- **内向的な性格、それはあなたの強みです**
- **外交的になろうとしなくていい**
- **内向的であるがゆえの美点を探してみる**

人が怒られていると自分ごとのように感じてしんどいとき

14 あがり症をどうにかしたい

ううぅぅ人前で話すなんて緊張するよう〜〜
緊張しすぎて気持ち悪くなってきた
あ
えっと
あの
うまく話せなかったらどうしよう…
頭まっしろになったらどうしよう…
あいつ緊張しすぎ〜って笑われるかも
うわああん怖いよ〜〜
どうしたら緊張って無くなるの?!
たすけてー!!

解決編

緊張しやすい、不安になりやすい「私」の落ちつかせ方

「仕事で人前で話すことがあり、うまくできるか今から不安で仕方ありません」

「ちょっとした自己紹介でも緊張して言葉がでてこなくなります」

こんなふうに緊張や不安に関する質問をいただくことがあります。

私も、ちょっとしたことで緊張したり不安になったりするので、よくわかります。

人前で話すときなんて、夢でうなされたりお腹痛くなったり……。

「これだけやったんだから大丈夫と思えるくらい準備しろ」なんて言葉もありますが、どれだけ準備をしようが緊張するものは緊張するんだよ……!!　と思っていました。

今回は、そんな私が**緊張や不安に襲われたときに自分を落ちつかせる声かけ**を２つ紹介します。

緊張や不安は、消そうとするより○○○○○

そもそも、なぜ緊張したり不安になるのか。まず脳のことについてお話ししますね。

脳は、私たちを生かすことを1番大事にしています
今日も生きるぞー!!
よろしく
だから、変化が好きではありません
むむむ……
変化
だって今のままで問題なく生きているなら
あなたにそのままの状態でいてほしいからです
今の生活
今の環境
生きてるなら今のままが1番!!
考え方
行動

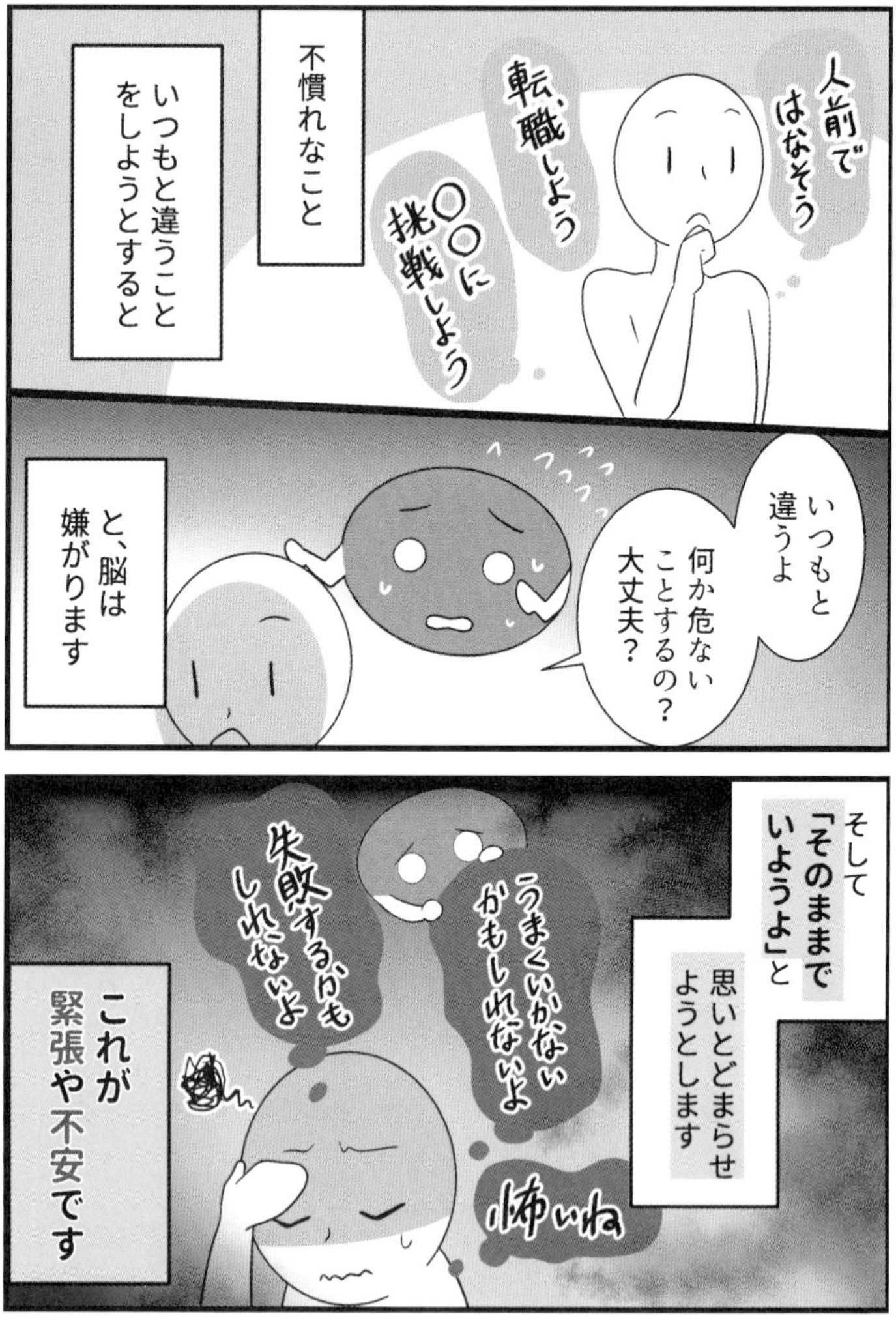
人前ではなそう
転職しよう
○○に挑戦しよう
不慣れなこと
いつもと違うことをしようとすると
いつもと違うよ
何か危ないことするの？大丈夫？
と、脳は嫌がります
そして「そのままでいようよ」と
思いとどまらせようとします
うまくいかないかもしれないよ
失敗するかもしれないよ
怖いね
これが緊張や不安です

いつもと違うことをしようとすると、たとえそれが生死にかかわることでなくても、

脳は……

それ大丈夫？

危なくない？

と、私たちを今の状態にとどめようとします。

なので、**緊張したり、不安になったときは、脳が私たちを生かそうと頑張ってくれていると**き。

つまり、**緊張や不安は、私たちの味方**なのです。

おそろしいほどの緊張や不安に襲われると、

「早く消えろ！　どこかに行け！」

と消そうとする人が多いですが、**有名な心理実験によると、考えちゃいけない、忘れなきゃ、と思うことほど強く頭に残ってしまう**ことがわかっています。

なので、消そうとするのは逆効果。

緊張したり不安になったときは、次のように自分に声をかけてみてください。

緊張や不安は、なくそうとするよりそういう機能なんだと受けいれる。

そのうえで、

「大丈夫だよ」

「死ぬようなことじゃないんだ」

そう自分に言い聞かせてあげましょう。

すると、ふっと気持ちが軽くなりますよ。

自分を「良く」見せようとしてない？

人は、自分を「良く」見せようとすると緊張します。

ここでの「良く」とは、**自分がもっているもの以上に自分を大きく見せようとしているる**ということです。

緊張でガチガチなのに、そう思われないように。
初対面の人になんとか良い印象を残したい。
馬鹿だと思われないように。
できるふうに見られるように。

緊張したときのことを思い出してみてください。
自分を「良く」見せようとしていませんでしたか？
自分を「良く」見せようとすると、ハリボテの自分を掲げて、本物の自分がばれないよう必死になるわけですから、これでは緊張して当然。
なので、たとえばこんな声を自分にかけてみてください。

「良く」見せようとしなくていい。今の私をそのままだすだけ。

そう自分に声をかけてあげると、こわばっていた肩の力がいい具合に抜けてくれますよ。

おまけ あがり症の人のためのちょっとしたTIPS

2つの声かけにプラスして、私がとりいれている簡単な方法を紹介します。

①香り

嗅覚は、脳に働きかけるスピードが速い感覚なので、香りを使って気分を変えることは、かなり即効性があります。いい匂いをかぐと、簡単に、すぐいい気分になれますよね。

なので、緊張したり不安になったときは、リラックス効果のあるフレグランスやアロマで気分をリフレッシュ。私がよく使っているものは次の8つです。

植物系
- ひのき
- 白壇
- ネロリ
- カモミール

柑橘系
- オレンジ
- マンダリン
- ベルガモット
- シトラス

香りをかぐことで呼吸も深くなり、さらにリラックス効果が高まります。

お気に入りの香りをぜひ見つけてみてください。

②セルフなで・セルフハグ

誰かに体をなでてもらったり、ハグされると落ちついた経験はありませんか？　じつはこれ、自分で自分にやってあげても効果があります。

なるべく自分の体温を感じさせるようになでたり、自分をハグするのがポイント。
先ほど紹介した2つの声かけや「大丈夫。大丈夫。」などと言葉をかけながら自分をなでてあげると、より効果的です。

③深呼吸

今さら書くことでもないほどよく知られている方法ですが、やはり呼吸は大事です。
緊張したり不安になっている人は、自分が思っている以上に呼吸が浅くなっています。

なので、ちょっと大げさかな？というくらい深呼吸をしてみる。
窓をあける。
外に出てみる。
なるべく新鮮な空気を体のなかに入れてあげましょう。

小心者の私が実際に使っている方法なので、よければ土壇場で思い出してみてくださいね。

まとめ

緊張したり不安になってしまったら

①緊張や不安は自分の味方だと思う
②消そうとするより、そういう機能だと受けいれる
③自分を「良く」見せようとしない
④「私は私のままでいい」と自分に言い聞かせる

あなたの価値

「できないこと」とか「苦手なこと」で
自分のことを減点しちゃってない？

それは、
あなたそのものの価値を
下げるものではないよ。

理由もないのにイライラしてしまう 15

イライラする自分に自己嫌悪

ふーん
わかったよ
あっ…
ふぃっ
今のヤな
言い方
だったな…
さっきだって
普通に
テレビの音
少し小さくして
ほしいな
って言えば
いいのに
もう〜〜
私のバカ!!
ただの
八つ当たり
じゃん
いかん
いかん
外の空気吸って
気分転換して
こよう
は〜
夕飯の
買いものいこ〜〜
○○スーパー
ズラ
ズラ
混んでるなぁ…
もた
もた

小銭ありますー
ポイントカードも
もた
もた
早くしてくれないかな…
イライラ
ていうか混んでるんだからお会計の準備しといてよ
たん
たん
イラ
だいたいこのご時世になんで現金で払うの？
まったく遅いったら――
はっ
うっわ今の私感じ悪っ!!
じ
じ
ほんの数分待ったからってなにイライラしてんの?!
余裕なさすぎでしょ
勝手にイライラして
人に悪態ついて最低じゃん…
たん
たん
イラ
ああもうこんな自分がイヤになる…
とぼ
とぼ

解決編

イライラしてしまう自分に凹むあなたへの処方箋

理由もないのにイライラする。
心がざわざわして落ちつかない。
漠然と不安になる。

何かあったわけでもないのに、嫌な気分になってしまうときってありますよね。なかなか気持ちを切り替えられずに、誰かに八つ当たりしてしまって後から自己嫌悪……なんてこともあると思います。

「なんで自分ってこうなんだろう」

「自分ってイヤなやつだなぁ」

私も感情的になってしまう自分によく落ち込んでいました。

今回は、

なんだかイライラする……

不安だ……

落ちつかない……

そんなときに気持ちをフッともち上げる方法を紹介します。

マイナスな感情を「ゆるす」ことが大事

49ページの「気持ちを軽くする4つの方法」でも紹介していますが、**イライラしたり、不安を感じることは悪いことではありません。それも私たちの大事な感情の1つ**です。

イライラしても、不安になってもいいんです。

なので、負の感情が浮かんできたときは、そんな自分を責めたり、無理やり消そうとしないでください。

そうやって自分の気持ちを押さえつけていると、いつか爆発してしまいます。負の感情で心がいっぱいになってしまったときは、次のような**「感情とうまく距離をとる方法」**を試してみてください。

原因のわからない
イライラ感や
ザワザワする気持ち
に襲われた時は
自室に
そういう鳥が
入ってきたところを
想像する
チュン
チュン
イライラ
お、きたな！
なるべく
開放的で明るい
へやをイメージ
すると良い
決して無理やり
追い出そうと
したり
バタン
いやー
こないで
見て見ぬふり
をしようとは
しない
ずもももももも
と、鳥なんて
いないもん

そこにいるな
と思いながら
ゆったりと眺める
イメージをしてみる
チュン チュン
イライラ
ざわざわ
元気だなぁ
その鳥（感情）は
10分で去るかも
しれないし
何時間も居座るかも
しれない
鳥が去るまで
自室をとびまわる
ことをゆるす
そうすると
感情とうまく
距離をとることが
でき
自分の感情に
押しつぶされる
ことがグッと減る
バサッ
ばいばい
そして鳥は
いつの間にか
いなくなっている

「1分散歩」と「太陽の光」で気分転換

鳥をイメージする方法以外にも、ささくれだった気分をなだめてくれる簡単な方法を2つ紹介しますね。

人はイライラしたり不安になると、身体が緊張した状態になり、呼吸が浅くなってしまいます。なので、

体の緊張をとってあげること
しっかりと深く呼吸すること

この2つをしてあげると気分を変えることができます。

そこで私のオススメは、**「1分散歩」**です。

1分でいいので外を散歩してみよう。
外に出たら、深く深く呼吸することを意識してみてください。

夜になると嫌な気分になることが多かった私
なんかイライラ
なんか不安
こういう時は…
1分外に出る!!
バンッ
すー
はー
おお、
これだけでも少し胸がスッとする…
カンカン
ようし1分!!
1分歩こう
すー
はー
深呼吸しながら
うん、家にこもってた時より
気持ちが軽くなった気がする
もやもや
小

1分だとマンションの階段を下りるだけで終わってしまう人もいるかもしれません。

でもそれでOK。1分でも外にでる、体を動かす、深く息をすることが大事なんです。

1分だけならすぐにできますよね。せっかく外にでたのだから……と思ったら、家のまわりを5分だけ散歩してみるのもアリです。

また、**「太陽の光」を浴びることも気持ちを落ちつかせてくれる効果があります。**

イライラ
今日は1日
イライラして
落ち着かないなぁ
そわそわ
よし、
少しでも
いいから
外に出よう
ばっ

はぁ〜〜〜〜
ほゎ
ほゎ
お日様の光を
あびてるだけで
なんだか癒される…

なぜなら**太陽の光を浴びると、「幸福感」を感じるホルモンが体のなかでつくりだされる**からです。

イライラしたときや不安になったときは、ぼーっとお日様の光にあたっているだけでも気分が和らぎますよ。

イライラすることも、不安になるのも、私たちの大事な感情の1つです。

これを否定してしまうと自分を否定することになってしまい、自己肯定感が下がってしまいます。

こんな気持ちになるときもあるよね。

そう自分をゆるして感情とうまくつき合っていきましょう。

まとめ　イライラするときの対処法

- **イライラ鳥が入ってきたことを想像し去るまでゆったりする**
- **1分だけ外に出る**
- **お日様の光を浴びる**

おでこタッピング

ゆっくりと呼吸をしながら指をおでこに5本のせて
とん
とん
とん
とんとんとん…と、リズミカルに軽く叩き続ける
これだけ
ふぅ
人間の脳は、同時にたくさんの情報を処理できないので
イライラ
脳
新しい刺激を与えてあげると優先して処理しようとします
お。新しいのキタ
イライラ
おでこ とんとん
気がそれ〜る
イライラやストレスから意識がそれて
だんだんと気分が落ち着いてきますよ
お試しあれ!!
@engawa_akari

SNSを見て一喜一憂してしまう

16

あの子のほうが幸せそう

ふふふ
今日は仕事頑張ったからご褒美～♥
おいしそ～
パシャッ
よし、イ●スタにアップしちゃお～
up!
わぁ、さっそくいいね20件もついてる
なんか嬉しい～
いいね♥ 20件
おいしそー!
すっ
すっ
あっ
Aちゃん誕生日だったんだ
うわぁ～素敵なお店だなぁ
Bちゃんはまた旅行行ってる
わ～海きれい‼いいなぁ～

いいね 103件
いいねの数すごい…
いいね 215件
ちらっ
ふーん…
別に
比べるわけじゃないけど…
なんか
さっきまでの幸福感
しゅるるるるる
ふいー
ほかほか

今日もおつかれ様〜っと
ボフンッ
さて
ツイ●ターチェックしよ
Cちゃん昇進したんだ
すごーい
昇進お祝いしてもらった^^
えっDさん留学?!
し
いつの間に…!!
今日から○○での新生活
ひぇ〜〜
コメントしとこう
おめでとうっと…
ぴろんっ
ありがとう!!
リーダーとしてがんばる
わっ…
長年の夢だったんだ。
うれしいよ^^

…なんか
みんなすごいなぁ
キラキラしてるというか…
幸せそう
私は？
……。
う、うわぁああ
ごろごろ
私の人生これでいいのかな
つまらない?!大丈夫？？
いいなぁ
私もみんなみたいにキラキラしたい
幸せになりたい

解決編

SNSで誰かと自分を比べて凹んでしまうときは？

みなさんは、SNS、使っていますか？

もはや私たちの生活の一部になるほど浸透しているSNS。

同じ趣味の人同士でつながれたり、情報を集めることができたり、とても便利なツールですよね。

ですが、**「SNSは精神面に悪い影響を与える」という調査結果もあるくらいメンタルとの相性はよくありません。**

SNSは、人の劣等感や不安をあおり、幸福感を下げると言われています。

でも気になって見ちゃうんですよね〜〜。
SNSなんてやめればいい、という人もいますが、使っていて良い面もあるので、できればうまくつき合っていきたいものですよね。
今回は、SNSを見ると気分が沈んでしまう人への対処法をお伝えします。

キラ
キラ
私もこんな生活したいなぁ
できない自分は負け組なのかな…
フォロー 102
フォロワー 1500
フォロー 370
フォロワー 1.5万
フォロワーが多くていいなぁ
フォロワーもいいねも少ない自分って魅力ないのかな…
留学します!!
本出します!!
独立します!!
世の中にはすごい人達がたくさんいるなぁ
自分には人に自慢できるようなこと無いなぁ…

比較は不幸の始まり〜幸せのキリトリにふりまわされない〜

SNSを見ているとみじめな気持ちになったり、不安になる。

その原因は、すべて**「他人との比較」**です。

たとえば、地球に自分しか人間がいなかったら、裸で生活していても、住むところが洞窟でも、生きてさえいければ不幸とは思わないですよね。

ですが、自分のほかにも人間がいて、服を着て、木の家に住んでいると知ったら、たちまち今の生活に「もの足りなさ」を感じると思います。

SNSでは、世界中の他人を見ることができます。つまり、世界中の他人と自分を比べることができます。

そして、自分に「足りないモノ」をいくらでも見つけることができます。だから、SNSを使うと幸福感が下がるんです。

しかもSNSは、おいしそうな料理、きれいなビーチ、楽しそうな人々の写真など……他人の輝かしい人生の1シーンばかりが延々に流れてきますよね。

もし私たちが今の生活に満足していたとしても、それを見ると自分と比較してもの

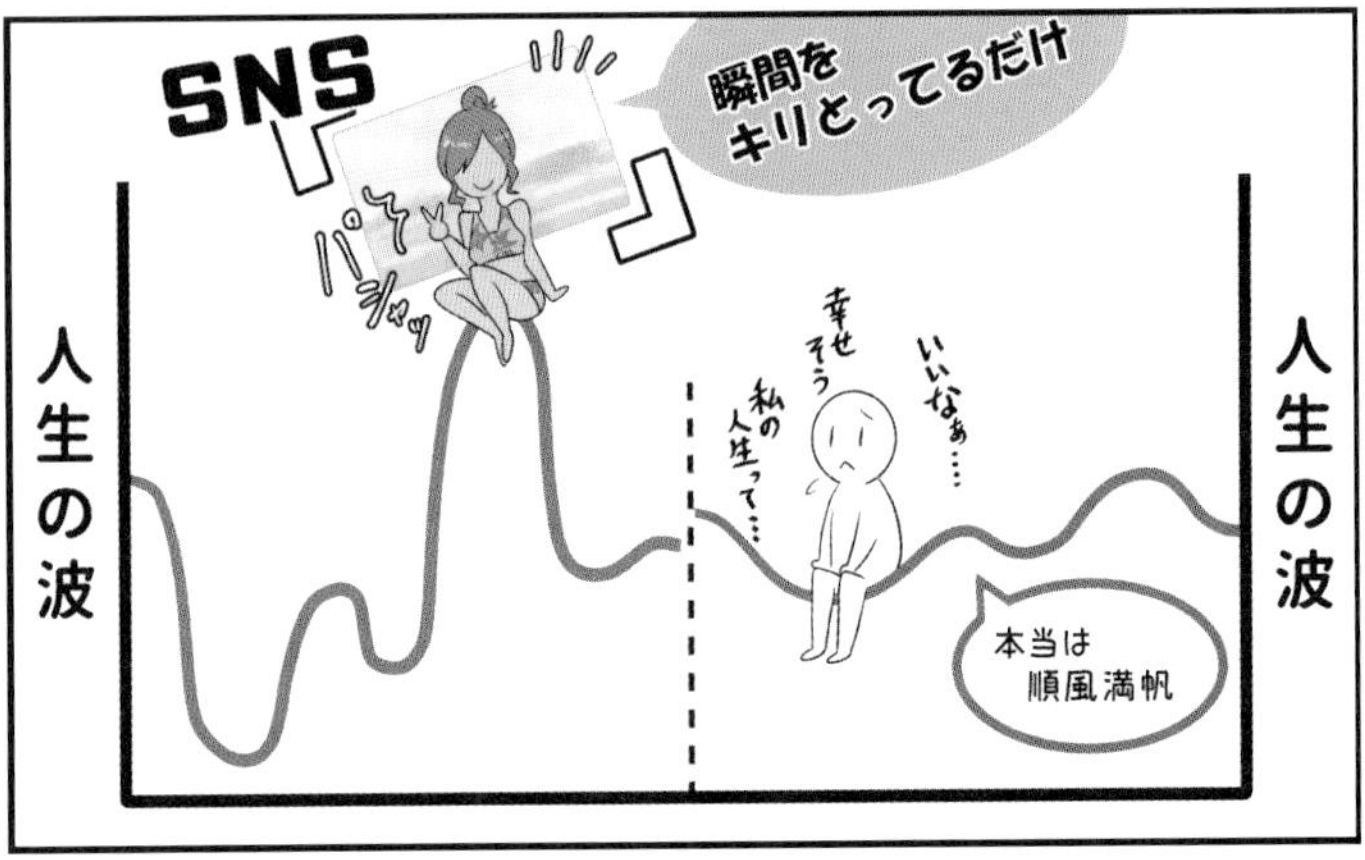

足りなさを感じてしまうのです。

ですが、それは**幸せな瞬間を切りとっただけにすぎません。**

上の絵のようにSNSは「幸せのキリトリ」ということを頭に入れて、それに振りまわされないようにしようね。

見えてるものが真実ではない

SNSをみて「他人のほうが幸せそうだなぁ」と思ったときに思いだしてほしい考え方があります。それは、**「見えてるものが真実ではない」**ということです。

海外に留学した友達の写真を見て
自分の好きなことやって
なんだかキラキラしてる
いいなぁ
幸せそう
と、思っていました
でも数年後に話を聞いたら――
やーあの頃…
文化の違い
言葉の壁
差別
ひそひそ
おれ何かおかしい?!
実はかなり精神的にまいってたよ
私は当然
自分の好きなことやって
なんだかキラキラしてる
幸せそう
そんな事情は知るよしもありませんでした

仕事で昇進した友達のことも
いいなぁ
バリバリ仕事できる女って感じでかっこいい
やっぱり優秀な人はちがうなぁ
と、羨ましがっていました
しかし昇進したら昇進したで別の苦労があるものです
責任
プレッシャー
今までとちがう仕事
悩
私はやっぱり
いいなぁ
やっぱり優秀な人は
そんな事情は知るよしもありません

幸せで楽しそうに見えても、その人がどんな事情をかかえているかはわかりません。

SNSを見て他人を羨ましく感じたときは、「見えてるものが真実ではない」ということを思い出してみてくださいね。

1番てっとり早く幸せになる方法

ここでとっておき！ **幸せを1番てっとり早く感じる方法**を紹介します。

実は
幸せを感じる1番手っとり早い方法は
幸せだなぁ
と、先につぶやいてしまうこと
そうすると脳が勝手にあなたの言葉に対して
なんで幸せなんだ？
脳
と考えてくれます
たとえば……
こんな時も
うわっ雨降ってきた
嫌だなぁ…
ぼそっ
…幸せだなぁ
きゅぃーん
おっ
なんで幸せなんだ?!
あはは、傘もってるからぬれな〜い
幸せだなぁ
ラッキー
乾燥肌だから空気も潤ってありがたや〜

家にいる時でも…
ぽけー
…幸せだなぁ
ぽそっ
きゅいーん
なんで幸せなんだ?!
あっ
今まで考えたことなかったけど
屋根がある家に住めるって幸せだよなぁ
ふかふかのソファに座れるのも
幸せだ
ふかふか
ケンカした時も…
もう知らない!!
バターン
イラ
イラ
くっそ~~
ダンッ
ダンッ
……。
ムッス~
……。
幸せだなぁ…
ぽそっ
きゅいーん
……
こうやってお互い健康でケンカできるって幸せなことなんだよな…
怒りゲージ
しゅるるるる

おずおず
キイ…
さっきは言い方キツくなっちゃってごめん…
幸せだなぁとつぶやくと
普段は見落としがちな幸せを
脳が勝手にみつけてきてくれます
今日も健康だ
ごはんが食べられる
家族がわらった
陽があたたかい
ぜひ試しにつぶやいてみてください
今すぐ!!
そしてなによりタダで幸せになれますよ
レッツトライ!!

他人と自分を比較しているとき、私たちは自分に「足りないモノ」に目が向いています。でも、「幸せだなぁ」とつぶやくと、私たちが「今もっている幸せ」を脳が勝手に探してきてくれますよ。

まとめ　SNSで凹んだとき考えること

- ●SNSは一部分を切りとっただけのものである
- ●幸せそうに見える人が、どんな事情をかかえているかはわからない

口角上げ

鏡とかガラス
@engaw_akari
全力の
にっこぉ
ピクピク
説明しよう!!
口角をあげると脳が「いいことあった？」と勘違いしてちょっといい気分になるのだ！
ふふふ…
いい気分ゲットだぜ

過去のトラウマにとらわれる 17

忘れたい記憶

えっ…
いいか
わかったな
お
おとうさん
バタンッ
……
はぁ〜〜〜
ず〜ん
たまに昔の
嫌なこと思い出して
どうしようもなく
悲しくなるんだよなぁ
つら〜い
今でも
人に否定
されるのが
怖くて
いつも誰かに
嫌われたら
どうしようって
ビクビクするし
しぶい顔
う〜ん
それは…
びくっ
えっ
なんか気に
さわったかな
過去に
言われた言葉を
思い出すたびに
ものすごく
暗い気持ち
になる
ぐあぁぁぁ
ねれない〜〜
つらい〜〜
ねる前に思い出すと
最悪

嫌なことは早く忘れちゃったほうがいいよ!!
ね!!
だ、だよねー
って友達には言われるけど…
忘れられないから困ってるんだよ〜〜〜〜〜
うわぁぁぁぁ
ていうか記憶なんて
そうそう無くならなくない?!
うわ〜ん
一生こんな思い出かかえて生きるのヤだよー!!
ううう忘れたい…
どうしたらいいの〜〜

解決編

忘れられない辛い思い出をやわらげる5つの方法

こんにちは、生き辛いOLです。

過去の辛い思い出。

忘れたいけど忘れられないこと。

誰でも1つくらいあるのではないでしょうか。

「嫌な思い出なんか早く忘れちゃいなよ！」なんて、よく言いますが、

忘れられないから困ってるんだよ……!!　私はそんなふうに感じていました。

今回は、過去の辛い記憶に苦しんでいる人のために、**「辛い思い出をやわらげる方法」を5つ紹介**します。

どれもすぐできるので、ぜひ読んでみてくださいね。

①ムービー法

1つ目は、**過去の思い出をまるで映画のように見るムービー法**です。

ほわ
記憶をスクリーンにうつして
まるで映画を見ているようなイメージをしてみてください
ほわ
うわ、ひどいこと言うなー
あっ
なるほど
今までは思い出すたびにもう1度体験しているような気分になっていたけど
こうやって第三者として見ると辛さが全然ちがうなぁ
ひっど!!
そこまで言う?!
まるでB級映画でも見るようにイメージすると、辛さが薄まっていきますよ

②ライトアップ法

2つ目は、**「ただ明るくするだけ」のライトアップ法**です。

嫌な思い出を…
ただ明るくするだけ!!
ぱあっ
もういっちょ!!
ぱあっ
パァァァッ
嫌な思い出って暗くて重いイメージでできてませんか?
それを明るくしてあげると
イメージと一緒に心も軽くなりますよ
?!
えっ

③アフターストーリー法

辛い思い出をそこで終わらせず、その後の物語（アフターストーリー）をつけてあげる方法です。

④ロケット法

4つ目は、**辛い思い出のなかの登場人物と「心の距離」をとるロケット法**です。

嫌な言葉を かけてきた人、いじめてきた相手
辛い記憶を 思い出す時って
まるで 今もその人が側に いるかのように イメージしていませんか?
それを ロケットで…
いやなやつ
ズドンッ
こう!!
そっか… もうあの人は側に いないんだよね
思い出すたびに 近くに感じて 怯えることないんだ

もう怖い人はあなたの側にはいませんよ。

⑤自分を安心させる声かけ法

嫌な思い出が浮かんできたら…
イヤな思い出
もくもく
うっ…
大丈夫
それは過去おきたことで今おきてることじゃないよ
そしてこれからおきることでもないから安心して

5つ目は、嫌な思い出が浮かんできて辛くなったときに、**「それは過去に起きたことだ」**と自分を安心させるための声かけです。

そして、さらにもう1歩、自分を安心させる声かけをしてあげます。

あの頃は親に頼らないと生きていけなかったから
耐えるしかなかったけど…
もしまた同じことが起きたとしても
今の私なら逃げてあげる
ちゃんと守ってあげられるからね
ぽんっ

当時は耐えるしかなかった。でもそれは、過去に起きたことであって今起きてるわけじゃない。もし起きたとしても、今の自分ならちゃんと守ってあげられるよ。

そうやって**過去の自分と思い出に怯えている今の自分を安心させてあげましょう。**

「もうこの思い出に怯えなくても大丈夫」と思えると、少しずつ「あんなこともあったな」と思えるようになりますよ。

まとめ　辛い過去を思いだしたらすること

①映画を観るかのように思いだす
②思い出に明るい光を当ててみる
③思い出の続きの物語を考える
④怖い登場人物はロケットで遠くに飛ばす
⑤「もう大丈夫だよ」と自分を安心させる

自己肯定感のスペシャリスト中島先生に会ってきた!!
今日は自己肯定感のことをもっと知りたくて来ました
よろしくお願いします
中島です、よろしくお願いします
中島 輝 先生
心理カウンセラー/肯定心理学協会代表。躁鬱症・パニック障害・強迫性障害など困難な精神状態で10年の引きこもり生活を経験するも克服。1万5000人以上のカウンセリングを行い、回復率95%。「奇跡の心理カウンセラー」と呼ばれる。
中島先生は自己肯定感の本を多数出版しているほか、自己肯定感のセミナーもたくさん行っています
いわば自己肯定感のプロフェッショナルなんです
わ~ありがとう~
ほんわか
自己肯定感の教科書
自己肯定感で10割決まる
自己肯定感ノート

とっても穏やかな先生です

先生は、もともと自己肯定感が低くて苦労されてたんですよね？
はい、心の病にもなったし　10年間引きこもりにもなりました
10年…!!
そこから人の心を救う立場になるんだからすごいですね…
僕の人生と自己肯定感は切っても切り離せないですね
Q
先生でも自己肯定感がさがる時はある？
全然ありますよ
けろっ
スペシャリストの先生でもそうなんですね…
自己肯定感っていつも一定なわけじゃなくて
状況によって揺れ動くものですからね
自己肯定感
高くなったり
低くなったり
自信がある人でも失敗したら自己肯定感が低くなることだってあるじゃないですか
たしかに…
失敗
くそっ
自分なんて…っ

だから、僕だって誰かに批判されたら落ち込むし
自分を責めそうになることはありますよ
先生はそういう時どうするんですか？
147ページのように頭の中を紙に書き出して捨てたり…
ガリガリ
おちこんだ気持ち
不安
すっきり
ぽいっ
すてる
やぶる
あとは時間を決めて落ち込んだりします
この時間だけは!!と決めてとことん落ち込んでみると
意外にスッと切り替えできるんですよ
2時間おちこむ!!
誰だって自己肯定感が下がる時はある
下がったら対策するって感じですね
はい、そうですね

Q
「自分を褒めよう」と自己肯定感の本によく書いてあるけど自分を褒めるのが苦手です…
わかるな～
僕も自分のこと褒められませんでした
あ、実は私も…
いいところなんかないと思ってたし…
そういう人は、目線を変えて他人のいいところを探してみたらどうだろう
他人のいい所なら見つかる人たくさんいそうじゃないですか？
それで人の良い所を見つけられた自分すごいって褒めてあげましょうよ
自分スゴイ!!
わぁ それいいですね
目線をかえる!
そもそも自分を褒めるのが苦手な人は
褒めるハードルがあがってしまっている人も多そうです
こんなことできてあたりまえだし…
うんうん
それはあるかもしれませんね
そういう人は、33ページで自分ができて当たり前にしちゃってることがないか確認してみてね

Q
若い人の自己肯定感低すぎ?!
特に若い人の自己肯定感が低いように感じます
やっぱりSNSの影響でしょうか…
SNSの影響は大きいですね
世界中の人と自分を比べることができちゃいますし
でもね、実は若い人だけじゃないんですよ
え、そうなんですか
あれ?
もしかしたら若い人よりも自己肯定感が低いのが…
40代後半~50代の人たちですね
自己肯定感ひくぃーズ
40後半～50代
20代
なんだか世代がぱっくり分かれるんですね…
会社だと管理職くらいの世代ですね
ゔっ
上司の言うことも部下の言うことも聞かなきゃいけない
行きづまっても転職も勇気がいる…難しい年代ですね
考えただけで胃が…
でね、その人たちの子供が、ちょうど今の20代なんですよ
あっ
親の自己肯定感が低いと子供の自己肯定感も低くなるって聞いたことがあります
そう、自己肯定感って親から子に引き継がれちゃうんですよ
肯定感ひくい
肯定感ひくい
だから何歳からでも自己肯定感って必要ですよね
ひえ～～なんだかすごく納得しました

Q
私みたいに自己肯定感の低さから心を病んでしまう人はいる？
たくさんいますよ
むしろ、トラブルはないけど
自分で自分を追いつめて心を病んでしまう人の方がずっと多いと思います
なんでこれくらいできないんだ
しっかりしろ
そっか…そうなんですね
なんだかホッ
私だけじゃないんだ…
むしろ分かりやすい原因があれば解決できることもあるじゃないですか
でも、よくわからないけどただ苦しいって
まるで出口のないトンネルみたいで辛いですよね
ううう…
そうなんです…

ただなんとなく心が辛い人はいっぱいいる！

大丈夫!!
かえていこう!

Q
先生はなぜ自己肯定感が大事だと思う？
昔は就職して結婚して…ってしていれば周りから認められたんですよね
仕事も頑張れば頑張るだけ結果もでたし認められた
でも、今ってそういう時代じゃないじゃないですか
就職
結婚
1人前
いろんな生き方がありますもんね
人から認められる「型」みたいなものはもうないんですよね
ある意味認められにくくなっているんです
どれもアリ！
だからこそ人からの承認を求めるだけじゃなくて
自分は自分
自分で自分を認めて自立して生きていく
それもアリ！
という感覚がこれからの時代は大事になってくると思います

あっ
SNSでイイネを集めて他人に認められようとする人がいますが
自分で自分を認められないと満たされないままなので注意ですよ
グサッ
自分を認める大切さがよくわかる例えをありがとうございます…
SNSでイイネの数ばかり気にしてた人

自己肯定感があれば
考え方が変わり
感情が変わり
そうすると行動や習慣が変わって
経験
新しい
出会い
まわりで起きる出来事や結果が変わってくるんです
自分は何があっても大丈夫
と思えるようになるんですよ
過去の先生や私のように
いま暗いトンネルの中にいる人にはぜひ持ってほしい感覚ですね
そうですね

監修者のことば

「何があっても大丈夫。」

心理カウンセラー／自己肯定感の第一人者
中島 輝

本書の著者あかりさんは、ご自身で本書の内容を実践し、自己肯定感を高め、生きづらさをほぐし、心地よく生きていくことを実現した素敵な人です。

本書はそのリアル感がじかに伝わる素晴らしい内容になっています。

ＳＮＳなどによって過剰なまでにネガティブな情報が氾濫した現代、そしてこれまで誰も経験したことのない未曾有のウィズコロナ社会においては、生活様式が変わって、ますます生き辛さを感じている人も多いことでしょう。

この本を手にとったあなたが、あかりさんのリアルな姿を自分に置き換えていただき、「そっかあ、自己肯定感を高めれば、大丈夫なんだ！」と思っていただければ幸いです。

さらに、マンガでわかりやすく描かれているので安心して試してみてくださいね。

現代社会を生きていれば、誰もが、時代に翻弄され、人に振り回され、傷ついて、生き辛くなるときがきます。つまり、それは自己肯定感が低空飛行に入り始めたということなのです。

そのときは、自己肯定感のどん底低空飛行に本格的に突入してしまわないように、他人の力ではなく、専門家に頼むでもなく、まずは先に、どうかご自身で、あかりさんのこの本で紹介されている内容を実践してみてください。

「何があっても大丈夫。」

この言葉を思い出しながら、ぜひ楽しみながら実践してみてください。試してみて合わなかったら、違うページの内容を実践するだけでいいのです。

あなたに合う自己肯定感を高める方法が必ず見つかります。

肩の力を抜いて楽しみながら、日々心地よく生きていく方法を無理せずに探しにいってみてください。

みなさんの心のなかに、

「自分は何があっても大丈夫。」

そんな輝きがずっと続きますように。


あかりさん、素晴らしい本をありがとう。

まんが・文

あかり＊生き辛いOL

もっとメンタルケアの大切さを広めたい【うつ病ワーカー】
この世が生き辛すぎてうつ病に→寝たきりドン底生活→メンタルケア・心理学にハマり回復→復帰してうつ病の再発なく働いている。自身の経験を踏まえた生きやすくなる考え方、ストレスを軽くする方法をツイッターでつぶやき、ただいま人気急上昇中。2019/8/6には「自己肯定感」についてのまんがツイートがバズり、「自己肯定感」というワードがツイッタートレンド1位となった。
【うつ病/メンタルケア情報】をSNSで発信中
ツイッター　https://twitter.com/engawa_akari
ブログ　https://ikizuraiol.com/

監修

中島輝（なかしまてる）

自己肯定感の第一人者/心理カウンセラー。5歳で里親の夜逃げという喪失体験をし、パニック障害、統合失調症、強迫性障害、不安神経症などの症状に苦しむ。25歳で背負った巨額の借金がきっかけで症状が悪化。10年間実家に引きこもるも、独学で学んだ心理療法を実践し克服。その後、心理カウンセラーとなり、自殺未遂の現場にも立ち会うような重度の方、Jリーガー、上場企業の経営者など15,000名以上をカウンセリング。回復率95%、予約半年間待ちの奇跡の心理カウンセラーと呼ばれ、上場企業の研修オファーも殺到。現在は、自己肯定感を広めるアカデミーを主催するほか、肯定心理学協会を設立。主宰する講座は毎回満席。インスタグラムフォロワー11万人。著書に『自己肯定感の教科書』『自己肯定感ノート』（SBクリエイティブ）などがある。
オフィシャルサイト　https://www.teru-nakashima.com/

生き辛いOLですが
自己肯定感を高めたら
生きるのがラクになりました。

2020年8月23日　初版第1刷発行

著者	あかり＊生き辛いOL
監修	中島 輝
発行者	小川 淳
発行所	SBクリエイティブ株式会社
	〒106-0032　東京都港区六本木2-4-5
	電話：03-5549-1201（営業部）

ブックデザイン	宇都木スズムシ（ムシカゴグラフィクス）
DTP・図版	荒井香樹
校正	新田光敏
編集	杉本かの子（SBクリエイティブ）
印刷・製本	三松堂株式会社

ISBN978-4-8156-0517-9

本書をお読みになったご意見・ご感想を下記URL、
QRコードよりお寄せください。
https://isbn2.sbcr.jp/05179/

巻末付録

生き辛いOL＊あかりと学ぶ

自己肯定感が高まる

「認知行動療法」

入門講座

「認知行動療法」それは、自己肯定感を高め、
生き辛さを解消するのにとっても役に立つ方法です。
難しそうに見えますが、じつはとっても簡単。
ここではその方法と「認知行動療法」のカギとなる
「認知の歪み」について解説します。

生き辛いOL あかり

自己肯定感の低さから
うつ病になるも
「認知行動療法」で
自己肯定感を高めて復活！

アルパカ部長

あかりの上司。
ふわふわな見た目のわりに
けっこうズバズバ言ってくる。
「認知行動療法」に詳しい。

うわぁ〜ん、仕事でミスしたよ〜泣

荒れてるね、あかりちゃん。

いつもミスばっかり。どうせ私なんて何をやってもダメなんだ……

う〜ん、**そう思うのは認知が歪んでるせいかもしれないよ？**

認知？

そう、あかりちゃんはついものごとをネガティブにとらえがちだよね。でもそれは、**認知の歪み**を治すことで変えられるんだ。

でもミスばかりで私がダメなやつなのは事実なんだけど……

その思い込みが歪んでるの！　今日は歪んだ認知を簡単に治す方法を教えるよ！

そもそも認知ってなに？

そもそも認知って何？

認知は、ものごとのとらえ方のことだよ。人によってものごとのとらえ方は違う。このとらえ方を認知というんだ。

認知の歪みと認知行動療法

私はその認知が歪んでるの？

そう、**認知が歪んでいると自分やまわりのことが客観的に見られずにものごとをマイナス方向に考えてしまう**んだ。みんな、ネガティブな性格だからと思っているけど、認知の歪みであることも多いんだよ。

う〜〜ん。でも自分の認知が歪んでるかどうかなんてわかんないよ。

そうだね。それに気づいて、かつ治すことができるのが**「認知行動療法」**なんだ。

10分で簡単にできる!

認知行動療法 実践ワーク

実際に「認知行動療法」をやってみよう！
やり方はとっても簡単だよ。

用意するもの：紙とペン

STEP 1

まずは、「辛い、悲しい、落ち込んだ」ときに浮かんだ気持ちを書き出してみて

はーい

あかり

落ち込んだ時に浮かんだ気持ち

仕事でミスばかり…。
どうせ私は何をやってもダメ。

STEP 2

なぜそう考えたのか、根拠を書き出してね。

あかり

落ち込んだ時に浮かんだ気持ち

仕事でミスばかり…。
どうせ私は何をやってもダメ。

根拠

①周りの皆はちゃんとできている。

②要領が悪いから何をやっても上手くいかない。

根拠が書けたね。**このなかで「事実」と違うことはない？**

え、ないと思うけど……

本当に？　たとえば①。本当にみんなはちゃんとできてる？　いつも？　完璧に？？

そう言われると……私以外にもミスを指摘されている人はいるかな。

そうだよね。じゃあ次は②。要領が悪いって誰かに言われたの？

いや……言われてない。

あと、何をやってもうまくいかないの？　全部失敗？　それは大変だね……(ドン引き)

いや、さすがに全部じゃないよ!!

ほらね、**あかりちゃんが思い込んでるだけで「事実」じゃないことってある**でしょ。そうしたら、それを表の右に書いてね。

STEP 3

「認知の歪み」を確認してみよう

あかり

落ち込んだ時に浮かんだ気持ち

仕事でミスばかり…。
どうせ私は何をやってもダメ。

根拠	事実じゃないこと
①周りの皆はちゃんとできている。	**①私以外にもミスをしている人はいる。**
②要領が悪いから何をやっても上手くいかない。	**②要領が悪いかはわからない。大体のことはできてる。**

「事実」じゃないことが見えてきたね。これを見てどう思う？

ミスをすることもあるけどだいたいのことはできてる。ミスをする人はほかにもいる……

うん！ ちゃんと「事実」を認識することができたね。

うわ～、私は事実をねじまげちゃってたんだね。気づけて良かった（ホッ）

そう。こんなふうに**思い込みで「事実」が見えなくなってしまうのが認知の歪み**なんだ。**これに気づいて治す。これが認知行動療法だよ！**

あなたの生き辛い原因はどれ？

10の「認知の歪み」チェックリスト

あなたのその生き辛さ、認知の歪みのせいかもしれません。次ページからの 10 の「認知の歪み」でチェックしてみてくださいね。

用意するもの：ペン

さっきの「認知行動療法：実践ワーク」はどうだった？

事実が見えなくなっちゃうなんて、認知の歪みって怖いね。

そうだね。**落ち込みやすかったり生き辛さをかかえる人は、認知の歪みが原因であることも多いんだ。事実を事実として受けとれるようになると生き辛さは改善**するよ。

うっ、もしかしたら今までも認知が歪んじゃってる場面あったかも……

認知の歪みが当たり前になっちゃってると自分じゃなかなか気づけないもんね。そう思って、**生き辛い人が陥りがちな認知の歪みを10パターン用意してみたよ。自分に当てはまっているものがないかチェックしてみてね。**

①

全か無か(白黒)思考

100%でなければ失敗

考え方の例

- 完璧じゃなきゃやる意味がない
- 今日お菓子を食べてしまったからダイエットは失敗だ

いわゆる完璧主義の人に多い思考パターンです。たとえ80%できていても自分が決めた100%に届かないと「うまくいかなかった」と感じてしまいます。

このタイプには真面目で努力家の人が多く、その真面目さが自分を苦しめてしまうことも……。

0か100かではなく、
3割できた
5割できた
8割もできた
と、できていることも認めてあげよう。

白黒だけじゃなくて中間のグレーがあってもいいと覚えておきたいね。

Check! 当てはまるあなたへの処方箋➡141ページ

②

一般化のしすぎ

1つの良くないことですべてを判断

考え方の例

- 好きな人にふられた
  ↓自分を好きになってくれる人なんていない
- 仕事でミスをした
  ↓きっとまたうまくいかない

どうせ
またうまく
いかないよ…

1つの出来事によってあらゆることが悪い結果になると思ってしまう思考パターン。この考え方は、失敗や拒絶を恐れるあまり、思い込みからなかなか抜け出せない人が多いのが特徴です。

う～ん、気持ちはわかるなぁ。最悪の結果になると思っていれば失敗してもショックは少なくてすむもんね……

でも、1度うまくいかなかったからといって、「これからもうまくいかない」というのは間違いだよね。

そう、過去の出来事とこれから君に起きることは無関係だよ。

Check! 当てはまるあなたへの処方箋➡158ページ

③ 心のフィルター

世界が曇って見えるメガネをかけている

世の中の悪い面しか見えなくなってしまう思考パターン。良い部分があっても、ささいな悪い部分ばかり意識してしまう考え方です。

考え方の例

- 自分には良いところなんて1つもない
- こんな世界、生きていても良いことない

こんなネガティブな考えが浮かんできたら、本当にそうなのか？　曇《くも》ったフィルターを通して見てないか？　よく考えてみてね。

本当は悪いことばかりじゃなくて、良いことだってまわりにあるのに、それが見えなくなってしまうんだね。

Check! 当てはまるあなたへの処方箋➡213ページ

④

マイナス化思考

すべてを悪いほうにすり変える

考え方の例

・こんなこと、誰にでもできることだ
・褒められても「どうせお世辞だろう」

この思考パターンの人は、たとえいい結果がでても「偶然だ」「たまたまだ」と思う癖があります。褒められても喜ぶことができず、自分にどんどん自信がなくなっていきます。

わかるなぁ……。褒められても「あの人はもっとできてる」って思っちゃう。

成果は他人と比べないこと。比べるのは、過去のできなかった自分とだけだよ。他人の言葉を交換しないでそのまま受けとってみよう。

Check! 当てはまるあなたへの処方箋➡95ページ

⑤

結論の飛躍

まるで不幸の預言者

考え方の例

- どうせ私は一生幸せになれない
- 彼は、私よりもあの子のほうが好きに決まってる

この思考パターンの人は
「先読みのしすぎ」
「人の心を読みすぎ」
この２つを繰り返す傾向にあります。

未来を勝手に先読みして落ち込む。
確認したわけでもないのに人の気持ちを決めつけて、それに一喜一憂する。根拠もないのに「どうせ〜だろう」「〜に決まってる」と思い込んでしまってるんだね。

未来のことも人の気持ちも想像通りにはいかないものだよ。

この考え方に陥ったら「また私ったらエセ預言者になってる〜」と頭を切り替えてみてね。

Check! 当てはまるあなたへの処方箋➡126ページ

⑥ 拡大解釈・過小評価

短所は大げさに、長所は過小に評価する

考え方の例

・こんな成功、大したことない
・とり返しがつかないミスをしてしまった

自分の短所はやけに大きく見えるのに、なぜか長所にはスモールライト。この思考パターンの人は、失敗や成功に対しても同じように過大評価・過小評価してしまいます。

もうダメだ～！って落ち込むような失敗も、他人から見ると大したことなかったりするんだよね。

そう、自分の失敗を必要以上に大ごとにとらえてしまうのは、まさに「認知の歪み」だね。「認知行動療法：実践ワーク」で事実をねじまげていないか確認してみよう。

Check! 当てはまるあなたへの処方箋➡243ページ

⑦ 感情的決めつけ

理性ではなく、感情で判断する

考え方の例

・アイツの言動にイライラする
↓だからアイツはろくでもない人間に違いないと思い込む
・こんな汚い部屋をきれいにするなんて無理
↓「めんどくさい」だけであって無理ではないことに気づかない

自分の感情を根拠にしてものごとを判断してしまう思考パターンです。この考え方は、強い感情を感じたときや苦手な行動を先延ばしにするときに生じやすいです。

自分にとってイライラする相手でもほかの人にとってはそうじゃないかもしれない。だから「○○な人間だ」という根拠にはならないんだね。

感情はその人の「とらえ方」によるものだからね。感情は、事実を判断する根拠にはならないんだ。

Check! 当てはまるあなたへの処方箋➡194ページ

⑧ すべき思考
自分にも他人にも厳しすぎる

考え方の例

- 仕事はまじめにとり組むべき
- 挨拶したのに返さないなんて！ゆるせない
- 親には感謝すべき、親は大事にすべき

自分に「〜すべき」というルールを勝手につくってしまい、自分を過度に追いこんでしまう思考パターンです。他人にもこのルールを発動してしまうのが特徴で、他人のささいな行動がゆるせなくなってしまいます。

「普通は〜でしょ」「常識的に考えて」このようなフレーズが出てきたときは要注意だね。

価値観は1つじゃないからね。「常識」や「普通」というのは、一定数の人たちが支持している価値観というだけだよ。

Check! 当てはまるあなたへの処方箋➡134ページ

⑨

レッテル貼り

「○○人間」と決めつける

この思考パターンの人は、自分にも他人にも決まったイメージを貼りつけてしまいます。また、自分にも「ダメ人間」などとレッテルを貼ってしまい、自信がなくなってしまいます。

考え方の例

- あの人は役立たずだ
- あの人は性格が悪い
- 自分はダメ人間だ

人間の脳は、1度思い込むとその根拠を探そうとしてしまうんだ。だから「自分はダメ人間」と決めてかかると、ダメだと思える証拠をすすんで探してしまうんだよ。

決めつけてしまうと、それ以外の面が見えにくくなってしまうんだね。

Check! 当てはまるあなたへの処方箋➡100ページ

⑩

個人化

ぜんぶ自分のせい

おーい
それはぼくのだよ
あれもこれも自分のせい

この思考パターンの人は、自分には関係ないことまで自分のせいと考えてしまいます。責任感や義務感が強い人ほどこの考えに陥りやすく、自分を追いつめてしまいます。

考え方の例

- 私がもっと○○だったらこんなことにはならなかったのに
- この企画がうまくいかないのはぜんぶ私がダメなせいだ

ものごとは、あらゆる要因が絡み合って起きていることがほとんどだよね。

そうだね。自分には、コントロールできることと、そうでないことがあるからね。なんでも自分のせいだと思うのはやめよう。

Check! 当てはまるあなたへの処方箋➡73ページ